Louis Peisse

Le Salon de 1843

Critique

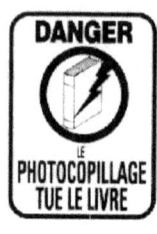
ISBN : 978-1984255945

10 9 8 7 6 5 4 3 2 1

Louis Peisse

Le Salon de 1843

Critique

Table de Matières

I. - LE JURY.

En 1841 et 1842, le nombre des objets d'art exposés au Louvre dépassait *deux mille* ; cette année, il ne va guère au-delà de *quinze cents* ; c'est une diminution d'un quart. On attribue ce subit abaissement du chiffre à un redoublement de sévérité de la part du jury ; qui a procédé cette fois par des exécutions en masse. Il a voulu, dit-on, faire de la terreur pour écarter à l'avenir la cohue des prétendants qui devient, chaque année plus compacte, et apporter ainsi quelque obstacle à ce débordement inouï de peinture. Telle serait, suivant quelques personnes, la cause de ce grand *auto-da-fé*. Si ce bruit a quelque fondement, il révélerait dans le jury une singulière méprise sur la nature et l'étendue de ses attributions. Il aurait évidemment outrepassé ses pouvoirs en se chargeant ainsi, sans mission, de la haute direction administrative de l'art. Son entreprise, si elle était réfléchie, ne serait rien moins qu'un coup d'état, et un coup d'état sans portée et sans effet. L'exubérance actuelle de la production a sa source dans des causes trop générales pour être arrêtée par des sentinelles placées à la porte du Louvre. Ce serait donc là une de ces mesures illusoires enfantées par le génie prohibitif, c'est-à-dire par la plus mauvaise économie politique. Mais nous ne pouvons croire que le jury ait porté si loin ses prévisions ; de si grandes vues sont trop étrangères à ses modestes fonctions pour qu'on l'en soupçonne gratuitement. Ce bruit n'a sans doute d'autre fondement que le besoin d'expliquer d'une manière un peu raisonnable la rigueur inusitée avec laquelle il a sévi cette année ; et si ses verdicts ont eu tant de retentissement, c'est moins à cause du nombre des condamnations qu'à cause du rang et de la position des condamnés. Les plaintes des blessés, qui d'ordinaire s'exhalaient obscurément et à vide, ont ému l'opinion publique ; elles ont, à ce qu'on assure, éveillé la sollicitude royale. On parle même d'une démonstration collective projetée par les artistes, et formulée dans une supplique adressée directement au roi. Cette supplique, déjà rédigée et couverte de nombreuses et notables signatures, sera, tout porte à le croire, sincère, équitable, modérée, respectueuse, digne ; en un mot, et de ceux qui la font, et de ceux à l'occasion de qui elle est faite, et de l'autorité, souveraine à qui elle est adressée.

La critique ne saurait rester indifférente et neutre dans ce mouvement.

Il est si facile de déclamer, et on a tant usé de la déclamation à l'égard du jury, qu'on s'est habitué, et qu'il s'est surtout habitué lui-même, à ne voir dans les plaintes dont il est l'objet que des lieux-communs d'opposition, que tout pouvoir grand ou petit, doit se résigner à supporter philosophiquement. Rassuré par cet axiome de haute politique pratique, le jury poursuit tranquillement le cours de ses opérations et, si parfois il arrache quelques cris aux patients, il n'a pas de peine à se les expliquer par la susceptibilité tout exceptionnelle des vanités auxquelles il a affaire. De leur côté, les artistes rejetés ne songent guère à chercher le motif de leur exclusion dans la cause la plus naturelle, la mauvaise qualité de leur œuvre ; ils préfèrent supposer quelque machination secrète d'un ennemi imaginaire, quelque mystère d'iniquité bien noir. Ils se donnent tous, et chacun individuellement, pour des victimes innocentes, et le public, qui ne s'attendrit pas aisément sur les malheurs de ce genre, les laisse crier. Dans certaines occasions, les battus ont voulu résister. Ils ont, entre autres moyens, essayé des expositions particulières des œuvres refusées, genre de protestation qu'ils avaient l'amour-propre de croire irréfutable et décisif ; mais ces exhibitions, auxquelles, à tort ou à raison, les hommes de quelque valeur ne voulaient point coopérer ont toujours été si pitoyables, qu'on aurait pu les croire faites moins dans l'intérêt des exposants que dans celui du jury. C'est ainsi que les artistes ont un peu contribué eux-mêmes, par le ridicule de leurs récriminations et par des démarches inconsidérées, à faire penser à beaucoup de gens que leurs plaintes n'ont aucun fondement légitime, au jury lui-même qu'il exerce son droit d'une manière irréprochable, enfin au public en général que cette institution est fondamentalement bonne et utile, et ne peut être attaquée que pour des motifs intéressés et par conséquent suspects.

Telle n'est pas notre opinion. Nous croyons au contraire que ce tribunal, tel qu'il est constitué, ne peut que faillir à la tâche qui lui est assignée. Nous faisons bon marché des motifs plus ou moins odieux qu'on met d'ordinaire en avant pour expliquer les scandales, les passe-droits, les abus de toute sorte contre lesquels on réclame. Ces motifs peuvent et même doivent exister quelquefois, car les membres du jury sont des hommes, et on peut, sans leur faire tort, leur supposer des préjugés, des passions, des faiblesses ; mais ce sont là de simples accidents qui ne sauraient seuls, quelque part qu'on leur veuille faire, rendre compte de ce qui se passe. Nous repoussons cette explication, d'abord parce qu'elle est injuste, et ensuite parce qu'elle empêche de chercher et de trouver la véritable. Pour nous, la cause de ces mauvais résultats est principalement dans les difficultés intrinsèques de la chose à faire, difficultés telles qu'aucune forme ou composition du jury ne pourra jamais y suffire complètement. Nous avons plus d'une fois exposé les raisons de notre manière de voir sur la mission du jury. Ses derniers exploits ne sont pas, certes, de nature à la modifier.

L'histoire du jury d'admission est peu connue. Il serait cependant intéressant de suivre cette institution depuis son origine jusqu'à son état actuel, pour se faire une idée juste de sa nature et de son but. Elle date de la république, et apparaît en même temps que les premières expositions véritablement publiques des objets d'art. Avant la révolution, il y avait aussi des exhibitions. Cet usage remonte au siècle de Louis XIV. La première eut lieu en 1688, dans la cour du Palais-Royal ; la seconde en 1699, au Louvre. Depuis, elles se renouvelèrent à des époques indéterminées et plus ou moins fréquemment ; elles affectèrent dans certains intervalles une forme périodique, annuelle ou bisannuelle. Pendant tout le cours du XVIIe et du XVIIIe siècle, le droit d'exposer au *salon* était le privilège exclusif des membres de l'Académie de Peinture et de Sculpture, fondée par le grand roi. Le nombre des exposants était donc nécessairement assez restreint, quoique cette compagnie fût beaucoup plus nombreuse que les trois sections de l'Académie des Beaux-Arts qui représentent aujourd'hui. Toutes les statues, tous les tableaux cités dans les *salons* de Diderot, étaient des œuvres d'académiciens. Il ne pouvait être question, à cette époque, d'un comité d'admission. Cet état de choses subsista jusqu'à la révolution, qui abolit le privilège des académiciens et l'Académie elle-même. On songeait peu à l'art à cette époque. Cependant, en 1793, la convention décréta, sous l'inspiration de David, l'ouverture d'une exposition générale au Louvre des œuvres des artistes français. Cette exposition, qu'on appela un *concours*, fut, suivant toute apparence, entièrement libre. Dans celles, extrêmement rares du reste, qui eurent lieu sous le directoire et sous le consulat, l'inconvénient de l'encombrement ou le besoin d'écarter les mauvais ouvrages, toujours trop abondants, introduisit l'usage d'un examen préalable, qui échut, suivant les temps et les circonstances, à des autorités différentes. Sous l'empire, où tout se faisait administrativement, c'étaient les conservateurs et administrateurs du Louvre qui étaient chargés de ce soin. La restauration innova. Les affaires de l'art passèrent de l'administration à la cour. L'examen des ouvrages présentés fut confié à une commission ou conseil particulier, nommé *ad hoc*. Cette commission était renouvelée à chaque exposition, c'est-à-dire tous les deux ans. Elle se composait d'une réunion d'artistes, de gentilshommes amateurs, de fonctionnaires de cour ou autres, nominativement désignés par le roi, et présidés d'ordinaire par un grand seigneur. Souvent des membres de l'institut y étaient appelés, non en vertu d'un droit quelconque, mais par le choix libre du prince. Sous toutes ces formes, et particulièrement la dernière, ce jury souleva des réclamations plus ou moins vives qui ne furent que peu ou point écoutées. Après 1830, le système de la restauration fut réformé. Cette intervention de la maison du roi dans une affaire dont la connaissance semblait devoir exclusivement appartenir à des hommes du métier, n'était pas en harmonie avec les idées et les sentiments réveillés par la révolution politique qui venait de s'accomplir. Un des premiers soins de la royauté nouvelle fut de faire disparaître cette anomalie. Les artistes demandaient avant tout un tribunal compétent ; ils croyaient avoir tout gagné si l'on en expulsait les gens de cour. Ce premier point de la réforme était facile, mais l'établissement d'un nouveau système l'était moins. Dans ce temps-là, il fallait que tout se fît vite. Pour sortir promptement d'embarras, au lieu de créer un pouvoir tout neuf, on en prit un tout fait. L'Académie des Beaux-Arts semblait mise là tout exprès pour remplir les intentions royales et pour satisfaire les exigences de l'opinion. Ce corps illustre offrait toutes les garanties désirables ; tous ses membres étaient des artistes plus ou moins célèbres, des maîtres consommés dans leur art ; à l'autorité de la science et du talent ils joignaient celle de l'âge, des honneurs légitimement acquis, d'une position élevée et indépendante. Que pouvait-on demander de plus ? L'idée seule de confier à des hommes spéciaux, appartenant à un corps constitué, nombreux, permanents, recruté par l'élection, une mission attribuée jusqu'alors à des commissaires de compétence plus ou moins suspecte, isolément et arbitrairement désignés, était un progrès. Pour mieux marquer le sens de cette nouvelle institution, on l'appela, quoique assez improprement un jury. L'intention était libérale ; la mesure fut accueillie avec satisfaction.

On sait ce qui est advenu depuis. Ce jury, qu'on pouvait considérer comme un jury modèle, a donné lieu aux mêmes accusations que les précédents. Il est tombé, dit-on, dans les mêmes fautes, il a commis les mêmes erreurs. La liste de ses bévues, qu'on donne volontiers pour des méfaits, a grossi d'année en année, et, à l'heure où nous écrivons, il a à se défendre contre une attaque régulière des artistes, et contre un adversaire plus dangereux encore, l'opinion publique, qui, jusqu'ici indifférente, a fini par prendre parti.

Il importe avant tout de bien constater que cette opposition n'est pas dénuée de fondement. En mettant de côté les exagérations, les violences des amours-propres blessés, des médiocrités désappointées, des intérêts froissés, en faisant abstraction des griefs personnels, réels ou supposés, énoncés contre tels ou tels hommes, en élaguant toute la partie anecdotique et la chronique scandaleuse du jury, il reste encore assez de quoi légitimer les plaintes, et faire mettre en question l'utilité, la convenance, la justice de ce tribunal.

Les faits sont connus. Il est constant que chaque année on reçoit au Louvre deux mille morceaux, et qu'on en rejette deux mille autres, sans qu'on puisse justifier, dans le détail, ce partage autrement que par la nécessité supposée de proportionner la quantité des toiles ou des marbres admis à la mesure de telles ou telles salles du Louvre. Il est constant que chaque année les neuf dixièmes des ouvrages acceptés ne valent pas mieux que les neuf dixièmes des ouvrages refusés. Il est constant que, chaque année, des artistes d'un talent reconnu, accepté, classé, et quelquefois du premier ordre, sont laissés à la porte, tandis qu'on l'ouvre aux médiocrités les plus authentiques, à des débutants à peine sortis des bancs, à des écoliers qui n'auraient pas dû les quitter. La dernière campagne du jury n'offre à cet égard rien de nouveau, si ce n'est le degré du scandale. Il a eu cette fois la main malheureuse. Jamais ses admissions n'ont mieux réfuté ses exclusions, et jamais il n'a été aussi bien prouvé que sa manière d'opérer ressemble à une loterie.

Quel autre nom donner en effet à un scrutin qui laisse passer trois paysages de M. Bidauld, et appose son *veto* sur ceux de MM. Corot, Huet, Isabey, Français, Menu, Loubon, Grésy, Legentile et Flers ? A qui persuadera-t-on que c'est par suite d'un examen réfléchi qu'on met au rebut la *Messaline* de M. Louis Boulanger, et qu'on installe honorablement l'*Agrippine* de M. Geslin ? Quelqu'un pourrait-il nous dire quelles sont les raisons qui ont fait décider que le *Bailli conduit à la mort*, de M. Bremond, que les toiles de MM. Couture, Dauzats, Baron, Eugène Devéria, ne méritaient pas de figurer à côté, par exemple, de ce *Savoyard* effrayant de M. Hornung, de cette bouffonne *Barque à Caron* de M. Bard, et de l'incroyable *Napoléon* de M. Mauzaisse ? Est-il certain que le portrait refusé de M. Hyppolite Flandrin eût déparé cette aimable collection de têtes dont l'exécution et le type se valent si bien ? Le talent de M. Antonin Moine est-il donc descendu si bas, qu'il n'ait pu être admis raisonnablement à concourir avec celui de M. Protat ou de M. Simonis ? Et M. Barye, qu'il suffit de nommer, est-ce sur des considérations d'art quelconques que ses *animaux* ont été moins bien traités que ceux de ses élèves ou de ses copistes ? Enfin n'est-ce pas à une pure fatalité qu'il faut attribuer l'ostracisme dont est frappé, depuis dix ans, M. Préault ? Ces faits n'ont pas besoin de commentaires. Ces énormes contradictions choquent le sens commun. On ne parviendra jamais à faire comprendre que ces hommes et bien d'autres, dont le nom nous échappe, ou qui cachent leur blessure, tous déjà et depuis longtemps connus par des succès, tous ou presque tous honorés de récompenses royales pour leurs œuvres, dont plusieurs ont été décorés des mains du prince, auxquels le roi et le gouvernement confient l'ornement des monuments publics, que ces hommes, à titres et à noms si honorables, soient tous les ans soumis, à la porte du Louvre, à un examen en forme, comme s'il s'agissait d'un concours d'école ; qu'ils puissent être discutés comme des élèves, recevoir des leçons et des punitions, être acceptés aujourd'hui, refusés demain, repris une troisième fois pour être ensuite repoussés de nouveau à la quatrième, le tout sans appel, à huis-clos, par un tribunal secret, par des juges dont on ignore le nombre, et dont les décisions ne sont soumises à aucune sorte de règle déterminée, ni même, malheureusement, déterminable. Mais, s'il est difficile de faire intelligiblement comprendre au bon sens public qu'un pareil état de choses est nécessaire, bon et légitime, il le sera avant peu bien davantage de le lui faire tolérer.

Une réforme est devenue nécessaire. Tout le monde la veut, et les membres du jury eux-mêmes, interrogés un à un, conviennent qu'il a quelque chose à faire. La situation où le cours des choses les a placés leur est aussi lourde qu'aux artistes. Il y a longtemps que bon nombre d'entre eux refusent, par des motifs divers, d'en supporter le poids. Sur les trente-quatre membres composant les quatre sections de l'Académie des Beaux-Arts qui fournissent les jurés, la moitié environ manque à l'appel, soit par absence, soit par maladie, soit par récusation volontaire. Plusieurs des manquants ne sont pas fâchés, dit-on, qu'on prenne leur absence pour une protestation tacite. Ce rôle passif d'opposition est facile ; il est à la portée de tous les courages et de toutes les peurs. Pilate a fait école.[1] Quoi qu'il en soit de la valeur morale de cette politique, elle est assurément très mauvaise dans ses résultats, car elle met entre les mains de quelques-uns des décisi6ns dont la délicatesse et l'importance réclamaient les lumières et la bonne volonté de tous. Cette abstention d'un certain nombre de membres, dont les noms sont particulièrement marquants, frappe même indirectement de suspicion et de discrédit les actes des autres. Elle est en outre en désaccord évident avec les intentions royales. Il convient à ce propos de relever une méprise assez généralement adoptée relativement au jury. On se figure, très à tort, que ce jury est formé par l'Académie des Beaux-Arts, agissant en son nom et comme corps, en d'autres termes, que l'Académie se constitue temporairement en jury, comme la chambre des pairs, par exemple, en certaines occasions, en cour de justice. C'est une erreur. Le jury est, à la vérité, exclusivement composé d'académiciens, mais il n'est pas pour cela l'Académie. Cette réunion toute fortuite n'est autre chose qu'une commission d'hommes spéciaux convoqués nominativement et individuellement chaque année, non par le bureau de l'Académie, mais par le roi. Aucun académicien n'en fait partie de droit, à titre d'académicien, mais seulement en vertu d'une délégation spéciale du souverain. Celui qui ne serait pas personnellement appelé s'en

1   Cette interprétation n'est heureusement plus admissible pour quelques-uns. On assure que la supplique des artistes a reçu l'adhésion et la signature de plus d'un membre du jury. On cite déjà MM. Ingres et Delaroche.

trouverait par cela même exclu. Il est vrai que le roi, par les motifs déjà indiqués, a circonscrit volontairement ses choix aux membres de cette classe de l'institut, mais il est toujours libre d'augmenter ou de restreindre le nombre de ces commissaires, de désigner tels ou tels de préférence à tels ou tels autres, tant au dedans qu'au dehors de cette compagnie.

Le jury n'est donc ni l'Académie, ni une commission académique. Il ne peut se constituer que par une invitation directe de la liste civile renouvelée tous les ans. L'Académie, comme corps, reste toujours complètement étrangère et à sa formation, et à sa convocation, et à ses opérations, et à la responsabilité de ses actes. Ceci bien entendu, on s'explique plus difficilement encore la conduite de ceux qui, par un motif ou par un autre, refusent de participer aux travaux du jury. Si la coopération ces actes n'était que l'exercice d'un droit facultatif attaché à leur titre, on concevrait mieux leur abstention ; mais, si au lieu d'être un droit, leur adjonction au jury n'est au contraire qu'une mission de confiance, conférée nominativement à chacun par le prince, il leur est, ce semble, moins permis de se récuser. Ce n'est plus là renoncer à un droit, c'est ne pas remplir un mandat tacitement accepté. C'est montrer assez peu d'empressement pour le service du roi, qui est en outre ici celui de l'art et de la chose publique. Chargés de recevoir au nom du roi les artistes dans cette grande fête qu'il donne tous les ans à. l'art dans sa splendide demeure, et de reconnaître les arrivants, il ne faut pas que, par leur négligence, les invités se voient éconduits, et que des intrus se glissent parmi la bonne compagnie qu'on attend. Le jury, d'ailleurs ainsi amoindri, n'a plus ni les lumières, ni la plénitude d'action, ni l'autorité que la sollicitude royale espérait y trouver. L'institution est fondamentalement faussée et n'existe plus que de nom.

Ce refus de concours de plusieurs des membres désignés est d'autant plus fâcheux qu'il multiplie et complique les difficultés matérielles de la tâche imposée au jury, difficultés telles qu'elles pourraient seules, à défaut de toute autre circonstance, expliquer les erreurs, les contradictions, les abus de toute sorte dont on l'accuse. Quand on sait comment il procède, on ne peut plus s'étonner que d'une chose, c'est que les résultats ne soient pas pires. Le terme de rigueur pour l'envoi des ouvrages au Louvre est fixé au 19 février. L'ouverture du salon a lieu le 15 mars. Il n'y a donc que vingt-trois jours (le mois de février n'en ayant que 28) disponibles pour les opérations du choix et du classement. Mais ces vingt-trois jours, déjà si insuffisants, se trouvent en fait réduits ordinairement à quinze au plus. C'est dans ce court intervalle d'une quinzaine que le jury a à examiner, à juger *quatre mille* morceaux ! Cette année, le chiffre a même, dit-on, été au-delà. Les séances durent six heures au plus ; les quinze donneraient par conséquent quatre-vingt-dix heures. En divisant le nombre des ouvrages présentés par celui des temps employés à leur examen, on trouve que la commission a à expédier environ deux cent soixante-dix morceaux par séance, ou quarante-cinq par heure, c'est-à-dire qu'elle n'aurait guère qu'*une minute et demie* à consacrer à chacun. Maintenant, si l'on tient compte du temps perdu à recueillir les voix, à discuter, et aux autres petits incidents des délibérations, on peut à peine lui laisser, en comptant au plus juste, la minute entière. Si de plus on ajoute à ce défaut de temps l'inattention, la fatigue, l'ennui, toutes choses faciles à supposer, les résultats obtenus, par cette méthode de procéder cessent d'être un mystère. On comprend immédiatement la possibilité ou plutôt la nécessité de l'erreur. Les ouvrages passent devant le jury au pas de course, comme les soldats devant le général dans une revue d'apparat. Dans ce *défilé* continu, ce serait merveille qu'il n'y eût pas de quiproquos. Il n'y a pas de vue assez fine, de jugement assez sûr, de perspicacité assez rapide pour répondre de la justesse d'impressions si fugitives. Le jugement ne peut être dans beaucoup et trop de cas qu'un à peu près tellement chanceux, que l'ensemble de l'opération semblerait n'avoir d'autre but que de donner une apparence d'organisation au hasard.

On voit que les conditions matérielles des délibérations du jury suffiraient seules de reste pour expliquer leurs singuliers résultats. On doit insister d'autant plus sur l'influence de ces circonstances, qu'elles dispensent, d'une part de recourir à des suppositions qui ne sont pas susceptibles de preuve, et que, d'autre part, on peut concevoir l'espérance de les modifier par quelques réformes, comme nous le verrons, assez faciles.

Mais cette cause n'est pas malheureusement la seule. Il y en a d'autres qui compromettent plus directement encore la responsabilité du jury, parce qu'elles ressortent de sa composition même et des idées qu'il paraît s'être faites sur la nature et l'étendue de ses attributions. Quant sa composition, on ne pourrait guère *à priori* y trouver à reprendre. Elle offre tout ce qui peut garantir dans un tribunal l'observation des convenances et de la justice ; on s'attend naturellement à trouver ici tout ce qu'on peut demander : les lumières, la compétence, l'indépendance, la considération, l'expérience, la maturité. Assurément, quand il s'agit de peinture et de sculpture, on ne saurait, ce semble, mieux s'adresser qu'à l'Académie royale des Beaux-Arts, de même que, s'il s'agit de procédés industriels, on renvoie les parties à l'Académie des Sciences. Lorsqu'en conséquence, après 1830, on s'arrêta à l'idée de former le jury avec les trente-quatre membres des sections de peinture, sculpture, architecture et gravure de l'Institut, on dut se croire dans le bon chemin et avoir supprimé tout motif raisonnable de plainte, et même tout prétexte de déclamation. La pratique a cependant démenti ces prévisions. Les artistes, qu'on crut satisfaire en leur accordant un jury d'hommes spéciaux, en sont venus à regretter le régime des hommes de cour ; ils se plaignaient jadis d'avoir affaire à des gens incompétents, négligents, frivoles, peu soucieux du bien de l'art et des artistes ; ils se plaignent maintenant d'être livrés à des rivaux, à des adversaires systématiques, à des oppresseurs, à des tyrans ; il leur est arrivé comme aux grenouilles de la fable : ils s'indignaient d'être négligés, abandonnés ; aujourd'hui ils crient qu'on les mange.

Qu'y a-t-il de vrai dans ces cris de détresse, et comment jury modèle a-t-il pu, sinon mériter entièrement ces accusations, du moins les rendre possibles, et même, jusqu'à un certain point, excusables' ? Il est facile d'en trouver la raison. D'abord, nous l'avons vu, ce jury, normalement composé de trente-quatre membres, est, en fait, réduit à près de moitié. On conçoit dès-lors que les garanties d'indépendance, de lumières, d'impartialité, de libéralité, qui, toutes choses égales d'ailleurs, sont plus assurées dans les grandes assemblées que dans les petites, ont été un peu affaiblies, et réciproquement on prévoit facilement que, si des passions, des intérêts, des préjugés de profession, de goût ou d'école, ont à faire jour, ce sera plutôt dans un petit cercle d'individus que dans un grand. Le jury, en se concentrant ainsi, contre l'esprit et la lettre de son institution, dans un trop petit nombre de têtes, a pu très bien contracter à la longue les idées, les habitudes et les tendances plus ou moins circonscrites et exclusives qui caractérisent, à divers degrés, l'esprit de parti, l'esprit de corps, l'esprit d'école, l'esprit de coterie. Ce résultat paraîtra bien moins improbable encore, si l'on réfléchit que ce jury, déjà peu nombreux ne renouvelle que très partiellement son personnel. Ce sont toujours en effet à peu près les mêmes membres qui y figurent, par la raison fort simple que les retardataires, les démissionnaires, les protestants, en un mot les absents, sont toujours les mêmes aussi. Quoi d'extraordinaire donc que des hommes liés par une communauté de vues, par des habitudes d'esprit analogues, nourris des mêmes études, élevés à la même école, autrefois camarades d'atelier, aujourd'hui collègues d'académie, soient portés, en échange de la responsabilité qu'ils assument, à user du pouvoir discrétionnaire qu'on leur abandonne un peu trop dans le sens de leurs sympathies ou antipathies d'école et de goût, et pas assez dans l'intérêt général de l'art et des artistes ? C'est assurément du contraire qu'il faudrait s'étonner. Le jury, tel qu'il est constitué, n'est pas l'Académie sans doute, mais il est composé d'académiciens, et d'une catégorie particulière d'académiciens. Or, l'esprit académique est connu. On sait qu'il est passablement intolérant, très peu amoureux de nouveautés, défiant à l'excès à l'endroit des talents naissants, et plein de sympathie pour les talents morts, fort enclin à prendre la routine pour de l'expérience et les préjugés pour des principes. L'esprit académique est, en matière d'art et de science, ce qu'est l'esprit conservateur en politique. Il a aussi un bon côté ; mais c'est surtout par l'autre qu'il se révèle dans le jury.

C'est par la prépondérance de cet esprit, dont le zèle va parfois jusqu'au courage, qu'on s'est rendu compte des mésaventures fameuses de tant d'artistes éminents, de tant d'œuvres qui semblaient n'avoir besoin d'autre passeport que le nom de leur auteur. On se souvient de la *Cléopâtre* de M. Gigoux, du *Christ* de M. Préault ; on cite cette année la *Messaline* de M. Louis Boulanger. C'est ainsi qu'on explique comment il a pu arriver que des toiles signées Decamps, Delacroix, Riesener, aient été déclarées indignes par des artistes, par des hommes du métier, par des peintres.

Ces préoccupations d'école, si naturelles et jusqu'à un certain point si excusables, ont pu devenir particulièrement incommodes aux artistes depuis ces derniers dix ans. Personne n'ignore, quelque jugement qu'on porte, d'ailleurs sur la valeur de ces tentatives, que l'art a essayé de nos jours d'entrer dans des voies nouvelles ou qu'il croit nouvelles. On a rompu décidément avec le goût et les traditions qui régnaient encore il y a quelque vingt-cinq ans. Il s'est établi dès-lors, comme il arrive toujours, deux camps, fort peu disposés à s'entendre et à se rien céder, car les intérêts d'esprit et de goût ne transigent pas plus que tous les autres. Chacun se croyant dans le vrai et dans le droit, on résiste des deux côtés avec d'autant plus d'opiniâtreté et de confiance, qu'on a la conscience en repos sur la légitimité de sa cause. Dans cette révolution du goût, il est arrivé que les nouvelles idées, fort répandues dans la masse des artistes, et surtout parmi les jeunes gens, sont restées sans adhérents et sans représentants dans l'Académie, et par suite dans le jury, ce qui fait naturellement craindre qu'elles n'y soient l'objet d'une défiance et d'une répugnance plus ou moins exclusives. Et cette supposition n'est certes ni gratuite ni blessante ; il est tout simple qu'on n'approuve pas ce qu'on n'aime pas. En matière d'art surtout, chose en définitive toute de sentiment, les sympathies ou les répulsions des goûts individuels se formulent avec une étonnante facilité en théorie, principalement chez les hommes du métier. On peut être aisément éclectique et tolérant en peinture et admirer concurremment Rubens et le Poussin, Ingres et Delacroix, quand on n'en fait pas ; mais, lorsqu'on en fait, c'est bien différent. On n'aime, on ne sent, on ne comprend bien, dans ce cas, que ce qui ressemble à ce qu'on fait ou qu'on croit faire soi-même, et plus l'individualité de l'artiste est forte, moins il est disposé à sympathiser avec les individualités d'un autre type. Il n'y aurait donc rien d'improbable que le jury se fût laissé aller, à son insu, et par l'impulsion secrète, mais irrésistible, de consciencieuses convictions, à une intolérance qui, quoique désintéressée dans son principe, n'en a pas moins, en fait, les conséquences et les caractères extérieurs d'un déni de justice. Si en outre on réfléchit que les sévérités du jury portent habituellement et a peu près exclusivement sur des sectateurs du nouveau goût, ces conjectures acquerront toute la notoriété dont les faits de cette nature sont susceptibles.

Ceci nous conduit à une autre remarque. Il se pourrait, et on l'a même dit positivement, que le jury, ainsi prédisposé à n'accepter pour bon que ce qui l'est d'une certaine manière, eût, dans l'exercice prolongé et non contrôlé de ses fonctions, érigé ses goûts en axiomes et ses habitudes en système ; qu'il en fût venu à croire qu' il avait comme dépositaire privilégié du goût et des bons principes, la mission de surveiller, redresser, diriger, gouverner l'art, et le droit de se servir, dans ce but, des admissions comme moyens d'encouragement et de récompense, des rejets comme moyens de censure et de correction. Une pareille prétention ne soutiendrait pas un instant l'examen. Les attributions du jury actuel, comme des précédents, sont plus modestes ; elles consistent ou doivent, du moins selon nous, consister uniquement en ceci : décider si le morceau de peinture ou de sculpture qui lui est présenté est le fruit d'un travail consciencieux, l'œuvre d'une main suffisamment exercée dans le technique de l'art, le résultat d'études sérieuses, en un mot si l'ouvrage porte dans son exécution la marque que l'auteur est arrivé à ce degré de science pratique qu'on doit exiger de quiconque aspire au titre d'artiste, parce que ce degré d'instruction est accessible à tous à l'aide du travail dont personne n'est dispensé. Le jury n'a rien de plus à demander aux productions soumises à son appréciation. S'il prétendait juger en outre de leur valeur absolue ou relative sous le rapport du style, de la composition, du goût, de l'exécution, de la couleur, du caractère, enfin de toute les conditions internes qui différencient la manière de chaque artiste, et formuler ses jugements en votes de rejet ou d'admission, il entreprendrait plus qu'il ne peut et qu'il ne doit. En effet, d'une part, une année entière ne suffirait pas à un examen de ce genre, et d'autre part on empiéterait sur le droit du public qui est, en définitive, le véritable juge du mérite des œuvres, puisque c'est pour lui qu'on expose et que c'est son suffrage qui dispense la gloire. Toutes ces idées de direction, de surveillance de l'art, de haute police esthétique, sont tellement en dehors des fonctions d'un comité d'examen et de toute possibilité, que nous hésiterions à les attribuer au jury, si l'ensemble de ses décisions et le caractère très significatif de quelques-unes ne donnaient une certaine consistance à cette imputation. Nous croyons cependant que, si ces pensées singulières ont pu traverser quelques têtes, la majorité y est toujours restée étrangère, et que, dans tous les cas, leur influence n'a eu aucun effet général bien marqué.

Nous avons exposé avec sincérité les faits qui plaident contre l'organisation actuelle du jury, et les causes qui les expliquent. Nous croyons ces faits indéniables, et, quant aux causes, nous n'avons tenu compte que de celles qui sont susceptibles de preuves, et par conséquent de discussion. Maintenant s'élève l'inévitable question qu'on fait à toute critique : que faut-il faire ? Nous allons y répondre avec la même franchise à l'égard du jury et à l'égard des artistes.

Lorsqu'une institution fonctionne mal, il n'y a qu'une chose à faire, c'est de la changer ou de la réformer ; c'est ce qu'indique le plus vulgaire bon sens. Mais pour qu'une réforme ait des chances de succès, il importe de bien s'assurer d'avance si le but de l'institution, qu'on suppose viciée, ne serait pas par hasard intrinsèquement irréalisable, c'est-à-dire entouré de difficultés telles qu'elles équivalent dans la pratique à des impossibilités. Dans ce cas, en effet, on s'exposerait inévitablement à l'un de ces deux résultats : à échanger un mal contre un autre, ou à empirer la situation. Or, nous le disons à regret, tel nous paraît être à très peu près le cas dans la question du jury. Selon nous, la tâche imposée à cette commission, est virtuellement inexécutable. Il suffit, pour le prouver, d'énoncer le problème qu'on lui donne à résoudre. Voilà, lui dit-on, quatre mille morceaux de peinture et de sculpture ; vous allez en faire deux parts, s'il se peut égales ; dans l'une de ces moitiés, vous mettrez les meilleurs, dans l'autre les pires ; puis, quand vous aurez fait ce départ, vous placerez les premiers dans la galerie du Louvre, et vous renverrez les seconds à leurs auteurs. Quand on pense que cette opération porte sur des objets d'art, c'est-à-dire sur tout ce qu'il y a au monde de plus rebelle à des déterminations précises, on ne peut assez admirer la confiance de ceux qui s'imaginent pouvoir l'exécuter avec convenance et justice. Où est, dans cette échelle ascendante et descendante de mérites, de défauts, de qualités, de conditions de toute espèce, si prodigieusement nuancées et variables, la ligne exacte qui sépare infailliblement, nous ne disons pas le bon du mauvais, mais leurs degrés, le plus et le moins ? Remarquez qu'il n'est pas question en ceci d'une justice absolue, mais d'une justice relative ou distributive. Il ne s'agit pas de désigner parmi quelques milliers de tableaux un certain nombre d'œuvres absolument bonnes, c'est-à-dire rigoureusement conformes à ce type d'excellence et de perfection réalisé dans chaque genre par les maîtres de l'art. Ce triage serait relativement assez facile, mais la récolte serait bien maigre ; le salon se trouverait réduit tous les ans à cinq ou six morceaux, et même il pourrait arriver qu'il n'y eût pas de salon. Ce dont il s'agit, c'est de faire entre les ouvrages un partage tel que le meilleur des exclus soit pourtant moins bon que le plus mauvais des reçus, ou, ce qui revient au même, que le moins bon des admis soit pourtant supérieur au meilleur des rejetés. Or, la raison indique que ce but ne peut pas être atteint, et l'expérience prouve par des faits, sans nombre qu'il ne l'est jamais. Quand nous disons que c'est là la question, c'est dans la supposition, bien entendu, qu'on veut être juste, et, comme cette supposition doit être admise *à priori*, il s'ensuit que le problème est évidemment insoluble. L'objection est générale ; elle s'adresse à tout jury, quel qu'il soit, et, sans nous arrêter à la développer, nous la tiendrons pour valable tant qu'elle ne sera pas réfutée.

La conclusion naturelle de ce raisonnement serait qu'il faut supprimer le jury. Supprimer le jury, c'est se résoudre à tout recevoir. Cette solution, nous l'avons émise plus d'une fois, mais elle est peu goûtée. On n'y fait, il est vrai, que des objections théoriques qui ne valent pas une expérience. On craint deux choses, l'encombrement et la déconsidération de l'art par la prédominance des mauvais ouvrages. La première difficulté n'est pas sérieuse. Le Louvre est grand ; en 1824, on y reçut trois mille morceaux ; ses salles en contiendraient facilement le double. La seconde est plus grave. Tout accepter, c'est ôter quelque chose au prestige d'une exposition où ne figurent que des œuvres de choix ; l'admission est déjà par elle-même une distinction, un privilège. L'irruption de la foule dans ce sanctuaire le transformerait en un bazar, en un magasin ; le but de l'exposition, qui est comme une représentation au bénéfice de l'art, serait manqué. Cette objection serait très forte et peut-être invincible, s'il n'y avait un moyen assez simple de tout recevoir sans ôter à l'exposition son caractère et son effet. Il ne faut pour cela que donner une extension systématique à un usage déjà existant, le classement des ouvrages dans le Louvre. Tout le monde sait qu'il y a dans le local actuellement destiné à l'exposition des places réservées ; le salon carré, par exemple, est proprement la salle d'honneur. Les morceaux qui y sont installés sont, par ce fait seul, désignés comme des œuvres d'élite, et cette distinction exprime tacitement, de la part des ordonnateurs, des préférences qui sont des jugements. Après le salon, et presque sur la même ligne, vient la première travée de la galerie, et ainsi du reste. L'admission pure et simple n'est donc pas la seule marque de la distinction ; elle n'est que la première ; il y en a une seconde, souvent plus significative encore, la place. Eh bien ! pourquoi n'essaierait-on pas de généraliser cette pratique, de la réduire en méthode et de l'appliquer en grand à tous les ouvrages présentés ? Pourquoi n'établirait-on pas deux catégories de salles correspondant aux deux catégories de talents et de mérites qu'il s'agit de classer. La disposition du Louvre est tout-à-fait favorable à une distribution de ce genre. La grande galerie et ses annexes immédiats seraient de droit considérés comme les salles *d'honneur* ; d'autres, telles que celles du musée Charles X, du musée espagnol, seraient censées le *sepulchrutum* des œuvres d'un rang Inférieur. Cette séparation équivaudrait par l'effet moral à l'exclusion. Le jury conserverait ses fonctions, qui acquerraient un nouveau degré d'importance et de gravité. Ses décisions n'étant plus secrètes, mais exposées, avec les ouvrages, au grand jour de la publicité, et sujettes à être cassées par le tribunal suprême de l'opinion, il mettrait plus de rigueur dans ses opérations. Il remplirait toujours sa tâche de juge, mais on saurait du moins ce qu'il fait, et il ôterait, en publiant les motifs de ses sentences, tout prétexte à des accusations qu'on peut toujours croire fondées, tant qu'elles ne sont pas démontrées fausses. De leur côté, les artistes séparés seraient moins prompts à crier vengeance et à faire appel à la justice publique, en face même de leur œuvre. Nous croyons même que ce genre d'exclusion tacite leur serait beaucoup plus sensible qu'un rejet absolu, qui leur laisse toujours la ressource de se dire persécutés et opprimés, lors même qu'on ne leur a fait que ce qu'ils méritent. Quant à ceux qui seraient injustement traités, l'opinion leur ferait une réparation, d'autant plus flatteuse qu'elle serait exceptionnelle.

Cette courte indication suffit au but que nous proposons ici, qui n'est pas de tracer un plan d'organisation nouvelle de l'exposition, mais seulement d'en formuler le principe. Par ce système, on n'innove pas, à proprement parler, on ne change rien dans la constitution actuelle. On ne fait qu'étendre l'usage du classement, et lui donner une direction systématique. Le principe du choix et de l'épuration subsiste avec toutes ses conséquences, mais on le concilie avec le respect de la justice, qui doit passer avant toute autre considération.

Tel serait, selon nous, le seul moyen de mettre un terme à la situation équivoque et fâcheuse des artistes et du jury, le seul qui puisse assurer l'exercice de tous les droits, de toutes les prétentions raisonnables, et faire rentrer hommes et choses dans la vérité.

Cependant nous reconnaissons que l'opinion, par des motifs trop longs à développer, ne serait guère favorable à un essai de ce genre, et comme, d'ailleurs, il est sans exemple qu'une idée quelconque, suggérée par un individu isolé et livrée à la publicité, ait jamais été réalisée ni même prise en considération, nous n'insisterons pas davantage sur ce projet. Nous allons, en conséquence, nous placer sur le terrain où la question se trouve maintenant circonscrite, et examiner jusqu'à quel point et par quels moyens on pourrait, en acceptant comme nécessaires les éléments de la situation présente, en atténuer à quelque degré les inconvénients et les abus. Nous prendrons exclusivement pour base les faits précédemment exposés.

Parmi les modifications à introduire dans l'organisation actuelle, nous n'en voyons que quatre possibles. Elles porteraient sur les points suivants :

1° La composition du jury ;

2° Les conditions matérielles de ses délibérations ;

3° Une définition et circonscription plus précise de la nature et du but de sa mission ;

4° Les conditions auxquelles on pourrait soumettre les exposants. Quant à la composition du jury, il faut repousser directement toute idée de substitution d'un jury à un autre ; celui qui existe serait difficilement remplacé. Quelques esprits irréfléchis ont pu rêver un jury électif, pris dans la masse des artistes, ou telle autre combinaison de ce genre. Il est fort heureux qu'on ne veuille pas les écouter, et qu'ils ne puissent pas parvenir à s'entendre. On peut affirmer hardiment qu'il serait impossible de trouver ailleurs qu'à l'Académie des Beaux-Arts une réunion de trente-quatre artistes dont le nom, les précédents, les services, la gloire, le talent et la science pussent surpasser celle-ci en considération, et offrir plus de garanties pour les lumières et l'indépendance. On pourrait faire un jury qui n'aurait pas les mêmes préjugés, les mêmes préoccupations systématiques, les mêmes passions et les mêmes faiblesses, mais il en aurait d'une autre espèce, et certainement non moins incommodes ; il manquerait surtout d'une chose très précieuse et qui ne s'improvise pas, la force d'opinion, l'autorité. C'est là ce qu'il importe de conserver à tout prix. Le personnel actuel devrait donc, dans toute hypothèse, être maintenu comme base fondamentale de tout jury. Il ne peut être question de le changer, mais seulement d'en modifier l'esprit et les habitudes, qui ont pris une tendance trop exclusive. Pour cela, il n'est d'autre moyen que l'introduction, de quelques éléments étrangers, c'est-à-dire les adjonctions ; on ne peut, en effet, y faire pénétrer, en juste proportion, un esprit nouveau que par des hommes nouveaux. Mais ces hommes nouveaux, où les prendre ? Ici commencent les difficultés. Il ne serait pas impossible pourtant de constituer, en dehors de l'Académie, une catégorie d'artistes établie sur des conditions déterminées d'âge, de titres acquis, de notabilité fondée sur des faits matériellement appréciables, tels que récompenses publiques, participation aux travaux des monuments nationaux, la décoration, etc. C'est dans ce personnel nouveau qu'on pourrait, tous les ans, tirer, par la voie du sort, un certain nombre de noms entre lesquels le roi prendrait ceux qu'il jugerait à propos de choisir comme membres du jury. Nous laissons de côté tout détail d'exécution ; nous savons et nous avouons que ce mode de procéder a des difficultés ; tous ceux qu'on proposera en auront, et, ce qui est plus regrettable, aucun n'aura de grandes probabilités de réussite. Que deviendraient ces nouveaux éléments en présence des anciens, et comment s'accorderaient-ils ? Toutes ces questions dépassent la portée de nos prévisions. Tout ce que nous pourrons dire, c'est d'une part que, si on veut changer l'esprit du jury, comme cela paraît urgent, il faut en modifier le personnel, n'importe par quels moyens, dont il faut laisser la recherche à la sagesse de qui de droit, et d'autre part, que, si on veut faire entièrement du neuf, on gâtera tout infailliblement.

On voit que ce premier point de réforme nous inspire bien peu de confiance. Il est pourtant considéré comme le plus important ;

c'est celui sur lequel portent tous les projets, tous les vœux. Nous doutons que ces vœux soient exaucés, et que ces projets se réalisent. Quoi qu'il arrive, on n'aura pas grand sujet de se féliciter ou de se plaindre, car la principale cause de l'abus n'étant pas dans la composition du jury, mais dans l'essence même de la tâche qui lui est imposée, tout changement qui ne porterait que sur cette composition serait à peu près indifférent, et n'aurait que des résultats à peine appréciables.

On pourrait attendre davantage d'un second moyen, l'établissement d'une meilleure forme dans les délibérations et l'examen des ouvrages. Et d'abord il est évident de soi que quinze jours ou quatre-vingt-dix heures sont un espace de temps beaucoup trop court pour l'examen de quatre mille peintures ou sculptures. Nous croyons fermement que les deux tiers des quiproquos, qu'on prend pour des injustices ou des bévues, ne sont que des accidents inévitables dans cette manière expéditive de procéder. De là ces étonnantes disparates qui permettent de supposer qu'on suit dans ces décisions la méthode de l'honnête juge Bridoye, lequel, au dire de Rabelais, tirait aux dés le sort des plaideurs, pour ne pas charger sa conscience d'un mauvais arrêt. Mais les conséquences matérielles et morales de ces coups du sort étant très graves, il serait bon de corriger les caprices du hasard. Il ne faut, pour cela, que beaucoup d'attention et du temps. Un mois de plus ne serait pas de trop pour ce triage. Il donnerait trois minutes pour chaque décision au lieu d'une ; c'est bien le moins qu'on puisse exiger.

Ne serait-il pas utile aussi de soumettre le premier jugement à une sorte de révision. Ce jury est le seul tribunal de France qui juge sans appel. On sait pourtant qu'en fait d'art le même ouvrage ne se voit pas deux fois avec les mêmes yeux. Il faut y revenir souvent pour bien se rendre compte de ce qu'on voit. Pourquoi donc n'apporterait-on pas dans une inspection si délicate la dose de circonspection qu'on oublie rarement d'accorder à l'examen d'une pièce de monnaie tant soit peu suspecte ?

Enfin il serait à propos que les commissaires, régulièrement convoqués, voulussent bien se rendre au jury. L'introduction des jetons de présence y a déjà fait sentir son influence efficace. Le jeton est en effet un topique admirable ; il est le régulateur souverain de la ponctualité académique. Supprimez le jeton, et il n'y a plus d'académies en France. Une admonition venue d'en haut ajouterait à son effet.

A ces trois conditions : le temps, la révision et la coopération de tous les membres, ce jury, si chargé d'anathèmes, améliorerait notablement sa condition et celle des parties aminées à sa barre. On ne pourrait plus dire du moins qu'il n'évite le reproche d'injustice ou d'ignorance qu'en se réfugiant dans le hasard.

Nous avons déjà touché au troisième point, la détermination du véritable but de l'examen du jury. Il doit se restreindre à l'appréciation du degré d'instruction technique révélé par l'œuvre qu'il a sous les yeux. Les questions de style, de manière, de goût, doivent être écartées. Il ne saurait en tenir compte sans se jeter dans un dédale de difficultés sans issue. Ainsi bornée au strict nécessaire, sa besogne serait moins rude et sa marche plus aisée. Cette distinction est un peu subtile, mais les hommes de l'art en apprécieront la valeur. Du reste, il sera plus facile de leur faire comprendre ce principe que de le leur faire appliquer.

Quant aux conditions à imposer aux artistes, elles se réduisent à une seule, l'obligation de n'envoyer qu'un nombre déterminé de morceaux. Ce nombre pourrait varier, par exemple, de un à trois, suivant les genres. La convenance de cette mesure, qui simplifierait l'examen et désencombrerait le salon, n'est contestée par personne. Voilà ce que l'étude de la question du jury nous permet de désirer, de craindre, de prévoir. La solution est entre les mains de la sagesse royale.

Les artistes doivent attendre avec confiance le résultat de leur démarche auprès de la seule autorité qui ait le droit et le pouvoir de décider. Ils seraient bien mal conseillés s'ils mêlaient à cet acte parfaitement convenable et digne des démonstrations intempestives. On parle cependant d'un projet d'exposition particulière des ouvrages refusés. Dieu veuille que cette idée reste en projet ! Ces sortes de protestations n'ont jamais réussi, et ne réussiront jamais. Qu'attendent-ils d'une exposition de cette nature ? S'imagineraient-ils, par hasard pouvoir faire concurrence au salon ? La prétention serait folle, et, qui pis est, ridicule. Se flatteraient-ils de faire honte à leurs juges et d'en tirer vengeance par la démonstration publique de leur injustice ? C'est là sans doute ce que veulent les amours-propres blessés ; mais qu'ils se gardent de toute illusion à cet égard. Il se pourrait très bien que, dans cette épreuve, l'injustice du jury, qu'ils disent si grande, parût en définitive au public fort petite. Les ouvrages refusés, pris en masse, composeraient assurément une galerie peu agréable, et les meilleurs ne sont pas positivement des chefs-d'œuvre. Exhiber toute cette défroque est le plus dangereux des partis. Les mauvais ouvrages admis condamnent les juges ; mais les refusés condamnent les plaignants. Les artistes refusés doivent, s'ils sont sages, s'assurer le bénéfice de l'*incognito*, qui leur permet d'élever la voix, de crier aussi haut qu'ils veulent sans crainte d'être contredits. Sans doute, plusieurs d'entre eux pourraient s'exposer sans inconvénient et même avec avantage à l'épreuve ; mais ce n'est pas là le cas du plus grand nombre. Or, que ferait-on de ceux-ci ? Il est impossible qu'on songe à montrer tout ; il faudra nécessairement qu'on choisisse pour donner quelque apparence à ce salon improvisé ; et voilà qu'on tombe immédiatement dans les exclusions, dans les catégories, dans les jurys. Décimés déjà par le comité du Louvre, les artistes se résoudront-il à se décimer encore entre eux ? De quel air les victimes de cette seconde épuration recevront-elles cette nouvelle sentence d'interdit ? Refusés deux fois par le jury officiel d'abord, puis par leurs compagnons d'infortune, il ne leur restera d'autre ressource que de se recevoir eux-mêmes ; et nous aurons alors on ne sait combien de salons au petit pied, en lutte ouverte d'anathèmes, de protestations et d'exclusions !

Tout cela est insensé, et, nous l'espérons, ne se réalisera pas. Il faut que les artistes se persuadent bien que, s'il n'y a pas, comme on le dit, de salon sans jury, il est bien plus sûr encore qu'il n'y a pas de salon sans Louvre. Le Louvre, c'est la royauté ; c'est aussi la nation : c'est le panthéon du pays dans le domaine de l'art. C'est là et non ailleurs que se trouvent la consécration du temps, la grandeur et l'éclat des souvenirs, l'autorité des traditions, la splendeur monumentale, le prestige d'ure solennité publique, en un mot tout ce qui attire, entraîne, éblouit et impose. Dans les conditions où l'art est placé à notre époque moderne, le salon est le seul foyer de vie et d'action publique qui lui reste. L'art n'est plus un besoin, mais un noble plaisir de l'esprit ; il n'est plus un des organes essentiels de la société, il est devenu un simple spectacle.

Pour que ce spectacle soit grand, beau et moral, il faut le soutenir à la hauteur d'une institution nationale et royale ; or cette institution est le salon, et son théâtre est le Louvre. Hors du Louvre, il n'y aurait plus de salon ; il n'y aurait que des boutiques de tableaux. L'art aujourd'hui ne pourrait se soustraire au patronage royal et à la haute main de l'état que par un acte de suicide. S'il se sépare de ces centres d'impulsion et d'autorité, et essaie de se pousser et se produire par d'autres voies que la grande voie publique, il tombera inévitablement dans les ressources mesquines et sans dignité du mercantilisme, et dans la dégradation qui en est la suite. Il entrerait dans le système anglais. Là où ce système règne, les exhibitions livrées aux inspirations des intérêts individuels ne sont que des étalages ; l'émulation a perdu son beau nom, et s'appelle la concurrence ; la gloire, ce rare et brillant joyau, a été échangée contre le succès ; l'art est devenu un métier, et les artistes (sauf quelques exceptions) des ouvriers en objets de luxe et de curiosité.

Au lieu donc de s'isoler, de se morceler, de bouder au jury et au salon, les artistes doivent se grouper autour du Louvre comme autour du palladium de l'art. Ils ont le droit d'y entrer, puisqu'on les y invite et que la fête est donnée pour eux. Si on les repousse, ils sont autorisés à se plaindre, mais non à se retirer sur le mont Aventin. Ils ont fait une supplique au chef de l'état. C'est bien. Qu'ils en attendent l'effet avec respect et confiance, sans en altérer le sens et en affaiblir l'efficacité par des actes inconsidérés de protestation et de scission dont le moindre inconvénient serait le ridicule.

II. - PEINTURE HISTORIQUE.

Nous n'avons pu arriver à l'entrée du salon sans traverser la question du jury. Les artistes auraient préféré peut-être que nous nous occupions un peu moins de leurs affaires et un peu plus de leurs ouvrages ; mais ils n'auront rien perdu pour attendre. Nous allons immédiatement les satisfaire en commençant, comme il convient, par les peintures sacrées. *Av Jove principium.*

Tableaux de piété. — Commencer par les peintures religieuses, c'est se conformer à la hiérarchie des genres et non à celle des talents. En suivant la dernière, on rencontrerait d'autres œuvres et d'autres noms. Nous aurions fait marcher en tête M. Gabriel Gleyre, nom presque nouveau et avant peu ancien, avec sa nacelle chargée de jeunes filles, gracieuse et poétique création qu'on dirait détachée de quelque mur antique ; M. Meissonnier, ce Français dépaysé qui vit en société familière avec Terburg et Metzu ; M. Robert-Fleury, qui veut mettre le genre dans l'histoire ou l'histoire dans le genre, et qui est assez heureux pour ne faire ni l'un ni l'autre ; M. Glaize, qui a su donner à son tableau des *Baigneuses* un air de maître, et ne nous trompe pas tout-à-fait par cette apparence ; M. Ad. Leleux, avec ses *Chanteurs espagnols* ; M. Léon Cogniet, avec son *Tintoret* ; M. Papety avec son *Rêve de bonheur*, MM. Horace Vernet, Granet, Charlet, et plusieurs autres encore. La régularité de la méthode nous ôte ce plaisir. Elle nous ramène devant des toiles plus tristes, comme, par exemple, celles de M. Schopin.

La peinture de cet artiste, si popularisée par l'aqua-tinte, la litnographie et le pointillé, est difficile à définir, et ne vaut pas peut être la peine qu'on se donnerait pour cela. Disons seulement qu'elle est très goûtée et mérite de l'être par ceux qui ne savent pas qu'il peut y avoir un naturel, une vérité, une élégance ; une grâce, un goût, non-seulement étrangers à l'art, mais qui même l'excluent. C'est à la fois tout ce qu'il y a de plus joli, et par cela même de moins beau. Ceci s'applique principalement aux petites compositions de cet artiste, telles que son *Moïse sauvé du Nil*, sujet précédemment traité par Nicolas Poussin, quoique d'une manière moins agréable.

M. Schopin en veut absolument, à ce qu'il paraît, à Poussin, car il l'a défié encore une fois dans un sujet bien autrement sérieux. Il a refait le *Jugement de Salomon* ; mais, peu content probablement du style de son émule, il a essayé d'y substituer le sien, qui est en effet tout ce qu'on peut concevoir de plus différent. Au lieu de ces draperies qui sentent trop la statue et le mannequin, et peu conformes d'ailleurs à la vérité historique, il a revêtu ses personnages de ces beaux habits orientaux qu'on trouve chez les costumiers de théâtre. Il a jugé aussi que les poses des personnages de Poussin étaient trop académiques ; il s'est rapproché en conséquence de la nature. Le jeune roi a les deux poings fermés, serrés, presque crispés, ce qui indique sans doute la tension de son cerveau de juge. Nous avons vu quelque part la bonne mère qui enroule ses deux bras autour de son enfant ; c'est, sauf erreur, un souvenir de M. Delaroche, qui lui-même s'était souvenu du Guide. La mauvaise mère, debout, le poing sur la hanche, la mine effrontée, a l'air d'apostropher le tribunal en termes qui ne se trouvent que dans le dictionnaire de Vadé. Telle est la Bible selon la traduction de M. Schopin. Nous ne lui conseillons pas d'aller faire juger son tableau à Rome.

Une transition brusque nous conduit au *Jérémie* de M. Henri Lehumann. Nous persistons à croire que cet artiste sort un peu de la sphère, sinon de la portée de son talent, en abordant les sujets de haut style. Il est plus maître de lui et plus sûr du résultat dans les compositions qui ne réclament que de la grâce, des motifs ingénieux et le charme d'une exécution habile, comme il le prouva jadis par sa charmante *Ondine*, et l'an passé par ses *Femmes au bord de l'eau*. Il ne se soutint pas au même degré relatif de perfection dans sa *Flagellation* du précédent salon, et son *Jérémie* mérite la même remarque. On demande beaucoup à qui entreprend beaucoup. Sa composition, de trois figures seulement, est un peu maigre. La toile est vide, on dirait qu'elle attend quelques acteurs. Son prophète, enchaîné sur un roc, est censé dicter à Baruch son disciple, couché à ses pieds, une sinistre prophétie qui lui est soufflée à l'oreille par l'esprit divin, sous la forme d'un ange ; mais son geste et sa pantomime n'indiquent rien de cela. Pourquoi ce poing fermé, ces lèvres contractées et ces contorsions maniaques ? on le dirait saisi par le malin esprit, tandis que c'est un charmant adolescent qui lui parle. Quant à l'ange, son action, quoique un peu violente, est mieux justifiée par son rôle ; il menace, il maudit, il est l'ange exterminateur. Il nous semble que M. Lehmann a fait de l'exagération en croyant ne faire que de la force. Son dessin veut être grand, mais il est plein de petites recherches qui en ôtent le nerf. L'exécution est très étudiée, délicate et habile ; elle manque seulement de ressort et de physionomie. La couleur n'est ni fausse ni choquante, elle est nulle. Je ne sais si ce que je viens de dire est un éloge de cette peinture ; je le voudrais pourtant, car elle est en somme très estimable, et ne laisse désirer que des qualités qu'on ne peut plus, à ma connaissance, demander aux peintres de notre temps.

La *Madone* de Mme Calamata serait bien meilleure si elle ne ressemblait pas tant à des choses meilleures encore. C'est là une peinture qui, par le goût de la composition, le style, les singularités, la couleur, révèle une imitation très voisine de la servilité. On pouvait par exemple éviter aux deux côtés de la scène ces deux moitiés de profils si maladroitement, quoique si curieusement, attachés à deux têtes de face. Il y a des exemples de cela dans les œuvres du maître qui a fourni les éléments de ce tableau, mais on pouvait se dispenser de cet emprunt. On préférerait surtout retrouver la fermeté et la pureté de son dessin, qui fait défaut sur trop de points, particulièrement dans les jambes, les bras, et les genoux du *bambino*, qui sont évidemment cassés. La figure de la Vierge est la meilleure ; elle est du type raphaélesque remanié par Ingres. Le sentiment en est doux, élégant et élevé. Le ton général est harmonieux ou peut-être simplement uniforme. Cette peinture a plusieurs degrés de mérite : de loin on dirait un tableau italien ; d'un peu plus près elle devient un tableau de M. Ingres ; de très près enfin c'est un tableau de Mme Calamata. Mais ce qui lui reste dans cette dernière transformation est encore suffisant pour qu'on ne se souvienne plus exclusivement des deux autres.

Avec le *Saint Hubert* de M. Cottrau, nous passons à l'antipode du morceau précédent ; nous entrons dans le domaine de la couleur et du clair-obscur. La composition est insignifiante. Saint Hubert à genoux devant un grand cerf dix-cors dont la tête est surmontée d'une croix lumineuse, n'a rien de bien intéressant ; il est d'ailleurs un peu éclipsé par la croupe de son cheval, qui se présente au spectateur de la manière la plus propre à être caressée. Il y a aussi une meute de chiens de toutes races fort bien caractérisés, ce qui est un mérite. Il y a le griffon, le basset, le chien d'arrêt, le chien courant, le lévrier. Nous recommandons cette toile aux chasseurs. Il faudrait un bien grand talent d'exécution pour faire passer tout cela pour de l'art. M. Cottrau n'en manque pas ; il se plaît, parce qu'il s'y entend, aux jeux de lumière, aux effets. contrastants, mais il ne réussit qu'à demi, et il faut réussir tout-à-fait ; or, cela ne lui est pas arrivé cette fois, que nous sachions.

M. Bézard a composé une scène dont Raphaël se serait heureusement tiré. Un bel ange protège une âme innocente et l'arrache des griffes du diable. Il est des peintures sur lesquelles on ne trouve absolument rien à dire ; on ne peut parvenir à découvrir ce qu'il a ni ce qui y manque. L'auteur de celle-ci ne peut donc nous en vouloir de notre silence, et nous souhaitons même qu'il l'interprète favorablement.

Nous devrions peut-être observer la même réserve à l'égard de deux grands ouvrages signés de MM. Varnier et Jourdy. Le premier a représenté les douleurs du *saint homme Job*, qui, ruiné, couvert d'ulcères et couché sur un fumier, a l'agrément d'être querellé par sa femme, et catéchisé par trois de ses intimes amis, qui lui prouvent très bien que c'est lui qui a tort. Tout cela est dans le livre de Job et dans le livret du Salon, mais non sur la toile de M. Varnier ; nous n'y voyons que de grands corps d'un dessin lourd et fort équivoque, des expressions insignifiantes, des tons mous, froids et terreux. C'est une mésaventure de plus à ajouter à celles du saint homme. Quant à M. Jourdy, son *Jésus au milieu des Docteurs* a du moins les apparences d'une composition. On y sent une étude consciencieuse ; on y découvre des souvenirs des bonnes choses et la bonne volonté de les égaler. Mais comment faire adopter quelques intentions heureuses avec une exécution si froide, si sèche et si terne ? En vérité, on ne sait plus aujourd'hui ce qu'est devenue la peinture. Que de bons tableaux nous aurions, si l'on n' eût oublié de les peindre ?

Si l'on ajoutait au grand *martyre* de M. Raverat la prestesse de main, la fantaisie souvent piquante, le faire facile, hardi, des Coypel, des Detroy, et autres peintres à fracas de l'autre siècle, il se ferait pardonner d'avoir adopté dans l'ordonnance de son sujet le goût de composition théâtrale de ces maîtres. Cependant on doit reconnaître ici un certain sentiment de la composition pittoresque, qui n'est pas du tout la composition, au sens littéraire, et dont le secret est à peu près perdu, avec bien d'autres.

Dans son *Evanouissement de la Vierge*, M. Pilliard est tombé dans quelques défauts de convenance historique et de composition que nous ne relèverons pas. Des expressions justes, des draperies étudiées et rendues avec goût, un dessin correct, quoique un peu indécis, une exécution habile, quoique trop méthodique, recommandent son ouvrage, qui ne doit pas cependant être loué jusqu'à l'admiration, et moins encore jusqu'à l'enthousiasme. La petite *Sainte Famille* de M. Cazes, provenant de la même école, est une production enfantine, qui serait naïve si elle n'était sans signification aucune.

Parmi une cinquantaine d'autres grandes toiles destinées aux
églises du royaume, il nous serait difficile d'en trouver plus de trois
ou quatre dignes d'être mentionnées. Nous placerons dans cette
exception : le *Christ en croix* ; de M. Simon Guérin, remarquable
par la justesse et l'énergie de la pantomime des saintes, femmes,
et par une certaine vigueur d'exécution qui parfois dégénère en
dureté ; le *Christ mort* ou *Pietà*, de M. Coutel ; la figure de la
Vierge est d'un beau jet et d'un beau sentiment comme expression
et comme ajustement ; l' *Enseignement du Christ*, d M. Perignon,
dont la composition offre des parties très satisfaisantes ; le *Saint
Joseph*, de M. Cornu, peinture sage et savante ; le *Christ et les apôtres
Jacques et Jude*, de M. Lestang-Parade ; le *Sauveur et Marthe*, de M.
Forcy, et l'*Ecce Homo*, de M. F. Boissard. Nous, ne louons pas tout
dans ces œuvres d'artistes, dont plusieurs en sont à leurs premières
armes, mais nous préférons n'y voir que ce qui est louable.

Cette liste des peintures religieuses est bien courte, et elle
aurait pu, sans inconvénient, être réduite. Les autres genres nous
fourniront une plus grasse récolte.

III. TABLEAUX D'HISTOIRE.

La signification du mot *histoire*, en peinture, est très large ; elle
était originairement plus restreinte et plus conforme à l'étymologie.
Aux XIVe, XV et XVIe siècles, alors que la peinture était à peu près
exclusivement appliquée à la décoration des églises, des cloîtres, des
cimetières et autres édifices sacrés, les artistes empruntaient presque
tous leurs sujets aux récits de la Bible, des légendes des saints ou de la
tradition. Ces récits, dans le langage naïf de ces temps, s'appelaient
des *histoires* (*istorie*). On disait d'un peintre qu'il avait peint des
histoires en tel ou tel lieu, manière de s'exprimer qu'on rencontre
à chaque page dans Vasari. Plus tard, cette désignation s'étendit
aux sujets tirés de l'histoire profane et de l'antique mythologie, à
toute représentation de faits ou personnages historiques, réels ou
fabuleux. Enfin on appliqua la même dénomination à des sujets
tout d'imagination, et auxquels l'histoire ne fournissait absolument
rien, tels que des scènes pastorales, des batailles, des allégories, des
représentations emblématiques. Dès-lors la première acception du

mot se perdit, et il en prit une autre, tirée, non plus de la nature des sujets représentés, mais du mode, du style, du caractère de la représentation. On appela historique toute peinture composée et exécutée dans un mode noble, élevé, grave, destinée à transporter l'imagination dans cette sphère idéale de pensées, de sentiments et d'émotions qui est le domaine de la haute poésie. C'est ainsi que le paysage même, traité dans un certain goût, entra dans le genre historique. L'histoire, en peinture, a donc maintenant à peu près le même champ que l'épopée, la tragédie, la poésie lyrique en littérature. On y a joint dans ces derniers temps le drame et même le mélodrame. Ainsi agrandie, la peinture historique ouvre une carrière sans limites à l'invention de l'artiste moderne. La religion, la philosophie, la poésie, l'histoire, le monde matériel et le monde moral, tout ce qui peut être vu par les yeux, conçu par l'esprit, rêvé par l'imagination, lui est livré. Ce n'est certes pas la matière qui lui manque.

On pourrait croire que cette grande extension du domaine de la peinture historique a dû être favorable au développement de l'art. Ce n'est pas ici le lieu de rechercher ce qu'il faut penser de ces conquêtes. Ces remarques n'ont pour le moment d'autre but que de justifier le rang que nous donnons, dans cette revue, à plusieurs tableaux, qui n'ont absolument rien d'historique dans le sens littéral, par exemple celui de M. G. Gleyre.

Cet ouvrage a produit dans le salon de cette année une sensation qu'on a rarement l'occasion d'y éprouver, celle de l'imprévu. On a pu voir ce qu'on n'avait pas vu depuis bien longtemps, une œuvre de peinture assez forte pour se soutenir seule, par sa vertu propre, sans autre élément de succès que le pur attrait de l'art. Il n'y a ici aucune de ces recettes banales de composition et d'exécution au moyen desquelles beaucoup d'artistes, même parmi les habiles, cherchent à fixer l'attention distraite de la foule, persuadés sans doute qu'il leur suffit, pour être admirés, d'être d'abord regardés. Le plus usé, quoique encore le plus sûr, de ces petits secrets du métier, c'est le choix du sujet et du personnel de la composition. Pour la plupart des exposants, c'est là la grande affaire, et non sans raison, car, le plus ordinairement, l'examen de l'œuvre prouve de reste qu'ils ont fait sagement de mettre de moitié dans leurs chances de réussite les noms, le rang, les habits, les titres et la renommée de leurs héros.

La peinture de M. Gleyre n'a pas ce genre d'intérêt dramatique ou historique qui, loin de suppléer à celui de l'art, n'en fait souvent que mieux sentir l'absence ; mais elle peut s'en passer. Le sujet de sa composition n'est rien par lui-même ; il ne se rapporte à aucun lieu, à aucun temps, à aucun nom, et n'éveille aucun souvenir ; aussi lui a-t-il donné le plus insignifiant des titres : *le Soir*. En effet, ce demi-jour doux et mélancolique répandu sur la scène nous place à cet instant de la journée les derniers feux du soleil couchant, déjà tombé sous l'horizon commencent à pâlir et vont faire place au crépuscule ; dans un coin du ciel, la lune montre son croissant argenté ; dans le fond, quelques palmiers mêlés aux lignes sévères de montagnes lointaines élèvent çà et là leurs cimes indécises noyées moitié dans l'ombre. Voilà tout ce qui justifie le titre de cette peinture. Le véritable sujet n'y est pas même indiqué, mais il s'explique suffisamment de lui-même. Sur un beau et large fleuve, qui pourrait bien être le Nil, dont les eaux profondes, limpides et calmes reflètent l'azur du ciel et les reliefs des deux rives, glisse, au gré du courant et d'une légère brise, une barque à structure antique. Sur cette élégante nacelle, onze jeunes filles chantent ensemble au son des harpes. L'air frais du soir soulève en passant leurs tuniques flottantes et leurs belles chevelures, et disperse au loin le bruit des instruments et des voix. Assis sur le bord de la barque, un Amour nonchalamment appuyé sur une rame effeuille et laisse tomber des fleurs dans l'onde. Sur la rive du fleuve, un homme, dont le front soucieux porte déjà l'empreinte des pensées de la vieillesse, regarde passer en silence la joyeuse embarcation. Une lyre, qui vient de résonner sans doute pour la dernière fois sous ses mains, s'en est échappée, et, désormais muette, gît abandonnée à ses côtés. A son riche vêtement, au cercle d'or qui entoure sa tête, on peut présumer qu'il a bu aussi, lui, à la coupe des joies de la jeunesse et de la vie ; la folle nacelle, avec son charmant équipage et son insouciant pilote, passe et fuit sans le voir, emportant avec elle tout ce qu'il a perdu, et ce qu'elle perdra elle-même en route.

Avec un peu de la philosophie du maître à danser de M. Jourdain, on trouverait une infinité de choses dans cette peinture, car il y en a pour le moins autant que dans un menuet. Nous n'y avons voulu voir, pour plus de sûreté, que ce que tout le monde y voit du premier loup. C'est, au reste, le propre des œuvres d'art d'une certaine élévation d'évoquer une multitude d'idées et de sentiments qui se groupent autour de la donnée première conçue par l'artiste ; elles contiennent toujours bien plus de choses et d'autres choses qu'il n'a voulu et cru y mettre Elles ressemblent, à un certain degré, par ce côté, aux œuvres de la nature, dont toutes les forces de l'esprit humain ne sauraient embrasser ni épuiser les rapports. Il y a en effet une logique profonde dans le beau qui n'est, comme l'a dit admirablement Platon, que la splendeur du vrai. Or, une idée vraie, quelque circonscrite qu'elle soit en apparence, renferme tout un système de vérités subordonnées qui n'attendent pour éclore que l'incubation de l'intelligence. C'est ainsi que, chez les grands écrivains, ce qui est explicitement écrit et exprime n'est rien auprès de ce qui est implicitement pensé et de là vient que faire penser est le signe distinctif du génie. Dans les œuvres médiocres, au contraire, tout reste en-deçà de ce qu'a voulu dire l'artiste, et il n'y a jamais rien au-delà. Semblables à un fruit avorté, elles n'ont pas un principe individuel et actif de vie et d'existence, et, comme une phrase dénuée de sens, elles n'éveillent ni idées, ni sympathie.

Quelle que soit la signification qu'a pu prendre dans la pensée des spectateurs la composition de M. Gleyre, qu'elle soit une idylle, une allégorie, une leçon de philosophie, une élégie, une ode anacréontique, peu importe. Il est possible et même probable qu'il y a un peu de tout cela ; seulement on peut présumer, sans faire le moins du monde tort à l'intelligence de l'auteur, qu'il a dû être étonné d'avoir eu, à son insu, tant d'esprit. Ce que nous savons mieux, c'est que, s'il avait fait lui-même la philosophie de son tableau pour le peindre, comme cela est arrivé à tel autre des exposants, son œuvre n'aurait pas probablement valu la peine qu'on en fît une pour l'expliquer. Laissant donc de côté toute cette métaphysique, examinons seulement ce qui paraît aux yeux dans cette peinture, sous le rapport seul de l'art.

Le système de composition et d'exécution du tableau de M. Gleyre est visiblement emprunté au goût antique ; c'est une imitation de la manière des peintres grecs, mais une imitation libre et intelligente, qui ne prend dans ses modèles que ce qu'il y a de plus général et de plus abstrait, leur méthode, ou, comme on dirait mieux en musique, le mode, le ton, la mesure. Aussi, malgré la ressemblance de cette peinture aven celles qui restent des anciens, elle n'a pas la moindre trace de pastiche. Sous un rapport seulement, M. Gleyre s'est tenu peut-être trop près de ses modèles ; sa couleur, presque toujours juste et franche, manque un peu de ressort, et le ton général, bien qu'harmonieux, n'a pas cette vivacité et cette fraîcheur dont l'absence n'est qu'un motif de regret dans des peintures faites il y a deux mille ans, mais de surprise dans une peinture faite d'hier.

A part cette insuffisance, que la situation véritablement exceptionnelle du tableau et le défaut de vernis ont pu exagérer, il n'y a plus qu'à louer dans l'œuvre de M. Gleyre. Comme disposition générale, sa composition est du goût le plus heureux. Ces onze figures de jeunes filles, échelonnées. Par groupes distincts sur toute l'étendue de la nacelle, ont chacune une action particulière qui marque son rôle dans la scène. Les têtes sont d'un type charmant où la délicatesse et la douceur prédominent, sans exclure chez quelques-unes la sévérité et l'élévation. Sans se répéter précisément, elles ont un air de famille, ou, pour le laisser mieux dire au poète :

Facies. non omnibus una,
Nec diversa tamen, qualis decet esse sororum.

L'ingénieuse et sévère élégance des coiffures, toutes traitées dans un grand goût, à la manière antique, le style des draperies toujours pur et noble, sans pédantisme, la grâce naïve et la justesse des attitudes et des expressions, la simplicité, correcte du dessin, le choix et l'exécution des accessoires, révèlent dans l'artiste un sentiment élevé, fin et délicat de l'art, un goût sain et sûr, et cet amour pur du beau et de l'idéal, que tous croient sentir, que si peu possèdent véritablement, et dont le souffle a, par une rare fortune, laissé quelque empreinte sur sa toile.

S'il fallait, dans l'intérêt de la vérité et dans celui de l'artiste, tempérer ces loges, sinon dans leur esprit, du moins dans leur portée, on pourrait dire que les belles qualités de la peinture de M. Gleyre ne s'y montrent pas avec cet accent de décision et de force qui s'impose d'autorité. Elles sont modestes, retenues, presque timides elles ne se font voir qu'à demi, comme si elles craignaient d'être regardées de trop près ; et, quoique l'examen n'y fasse en définitive rien trouver de suspect ou d'équivoque, on préférerait leur voir une allure plus franche et plus libre. On pourrait craindre, en effet, que cette réserve ne les empêchât de se produire plus tard avec ce relief d'énergie, de caractère et d'individualité. qui distingue les œuvres de maître, s'il n'était pas plus naturel encore de ne voir dans cette apparente timidité que l'hésitation d'un talent élevé et fin qui connaît le but, mais cherche encore la route et ne veut rien hasarder de peur de tout perdre.

Le tableau de M. Gleyre a été, si bien accueilli, et si loué que nous avons craint un instant, pour lui la grande popularité. Heureusement il n'a eu que la petite, c'est-à-dire celle de la critique. L'autre s'est décidément portée, et avec raison, sur un autre ouvrage, le *Tintoret* de M. Léon Cogniet.

En général, la vogue et la popularité universelle sont un préjugé assez peu favorable du mérite d'un ouvrage d'art. Ce n'est pas qu'elles s'attachent d'ordinaire à des productions tout-à-fait sans valeur, mais il est encore plus certain qu'elles ne s'attachent jamais aux œuvres véritablement supérieures. Le public ne demande guère dans la peinture que ce qu'il va chercher au théâtre, des émotions. Il n'a pas à satisfaire des facultés esthétiques, dont le développement a besoin de beaucoup de culture. Il ne voit dans un tableau que la chose représentée : l'art lui échappe ; et, pour que la représentation excite sa curiosité et son intérêt, il faut, sous le rapport moral, qu'elle soit empruntée à cette région moyenne d'idées et de sentiments communs à toute l'humanité, ou bien, sous le rapport matériel, qu'elle ait l'attrait d'une imitation suffisamment exacte pour frapper les yeux. La ressource la plus sûre pour le succès populaire d'une peinture est l'élément dramatique, pourvu toutefois que ce dramatique n'offre que des situations morales dont la vie offre des exemples familiers à tous, et n'exprime que des passions et des sentiments peu compliqués. C'est assez dire que ce drame ne doit pas aller jusqu'au haut pathétique des maîtres italiens, par exemple, ni jusqu'à l'idéal tragique. Il convient aussi que l'action représentée tombe en quelque point dans la sphère de la réalité par le nom plus ou moins connu des acteurs ou par la vérité historique du fait, transmise par la tradition, ou du moins certifiée et circonstanciée par le livret. A tous ces titres le *Tintoret* de M. Léon Cogniet devait attirer les regards et provoquer la sympathie. On raconte que la fille du peintre vénitien Jacobo Robusti étant morte dans la fleur de la jeunesse et de la beauté, son père, voulant garder un souvenir des traits de son enfant bien-aimé, eut la force d'âme de faire son portrait avant qu'on l'ensevelît. Vraie ou fausse, l'anecdote est très célèbre et d'un intérêt touchant. M. Léon Cogniet a rendu cette scène avec convenance et avec talent. La curiosité se porte naturellement sur le visage du père qui doit dire tant de choses, et il faut rendre cette justice à l'artiste qu'il a rencontré une expression suffisamment conforme à la situation. Il n'a pas été médiocrement servi sous ce rapport par le beau portrait de Tintoret, peint par lui-même, qu'il a pris assez littéralement. L'autre figure, celle de la fille, offrait aussi quelque difficultés : il fallait qu'elle fût morte et qu'elle restât belle. M. Cogniet paraît avoir essayé de l'éluder plutôt que de la vaincre, car la tête de sa *Maria* n'est ni morte, ni vivante, ni même endormie. On la dirait tout simplement peinte d'après la bosse : elle a le modelé ferme, rond poli et régulier du marbre ou du plâtre. La manière dont le sujet est éclairé prête au pittoresque. Le foyer de lumière, une lampe sans doute, est placé derrière un rideau et projette d'en haut une lueur vive sur quelques points, la plus grande partie des autres restant dans l'ombre. On peut croire que cet effet un peu fantasmagorique a sa bonne part dans l'impression lugubre de cette scène sépulcrale. Il est possible aussi que M. Cogniet ait voulu faire allusion à une habitude du Tintoret, qui peignait souvent aux flambeaux.

M. Cogniet est un artiste d'un talent facile, souple, varié ; il a de l'intelligence, de la science et du métier, mais il n'est pas sûr que tout cela eût suffi seul pour rassembler la foule devant une de ses : toiles. Est-ce l'art qu'on admire dans son *Tintoret* ? Il est bien évident que non. Otez à cette scène d'abord le nom de Tintoret, qui est, on ne sait pourquoi, des plus connus parmi le grand public, et mettez à la place, par exemple, celui de Luca Signorelli de Cortone, duquel on raconte aussi une aventure à peu près semblable, avec cette différence seulement qu'il s'agissait d'un fils et non d'une fille ; ôtez, ce qui vaudra mieux encore, le sens anecdotique et mélodramatique du sujet ; Ôtez enfin la fantasmagorie de la lumière, que restera-t-il dans ce tableau ? Tout juste, si l'on nous passe les termes, la dose d'art suffisante pour que la vertu des autres ingrédients ne manque pas son effet. L'exécution de cette peinture a des qualités sans doute ; elle est assez vigoureuse, elle a du ressort et du corps, mais elle est toute de pratique ; elle sent le procédé, le métier. Tout est peint de la même manière ; il n'y a qu'une touche, qu'un ton pour chaque partie. Le bois est traité comme les chairs, les chairs comme les étoffes ; on pourrait, sans qu'on s'aperçût de la substitution, mettre un morceau de la main du Tintoret sur la palette qu'elle tient, et un morceau de la palette sur le linceul de la jeune fille. Enfin, dans l'ensemble comme dans les détails, on voit les petites ressources du technique plutôt que l'empreinte d'un art franc et puissant.

On peut du reste très bien s'assurer de ce qui serait resté dans le tableau de M. Cogniet, privé de l'élément dramatique, en se transportant devant quelques autres de ses toiles, par exemple devant les deux *Enfants* assis sur une escarpolette ; ce sont de simples portraits, il est vrai, mais il en a fait une composition, un tableau. Quelqu'un a-t-il regardé cette toile, et s'est-on même informé à qui elle appartenait ? Il y a là aussi cependant la même main, le même talent la même science, et même, au fond, beaucoup plus d'étude. Avec un peu plus d'art, ce thème, insignifiant par lui-même, aurait pu devenir un charmant ouvrage. Que n'en eut pas tiré Lawrence, par exemple ? Si nous essayions une dernière expérience sur cette tête colossale d'ange, qui essaie d'être grande et n'est que grosse, et qui a l'air de dire aux passants : Quanti vous voudrez faire du style et sublime, voilà comment il faut s'y prendre, serions-nous moins désappointés ?

L'étendue de ces observations est justifiée par la réputation méritée d'un artiste habile, par l'importance réelle et par le succès de l'ouvrage qui en est l'objet. Ce succès n'avait plus besoin d'être constaté mais il avait peut-être besoin d'être expliqué, et nous avons donné cette explication avec d'autant plus de liberté qu'elle n'est pas de nature à lui ôter un seul de ses admirateurs.

M. Robert Fleury a également quelque tendance à la popularité, mais il n'y arrivera jamais complètement. Il ne fait pas avec assez de résolution tout ce qu'il faut pour cela. Il a volontiers aussi recours à l'anecdote, qu'il raconte du reste très bien ; seulement, au lieu de mettre son talent au service du sujet, ce qui est la vraie méthode pour réussir, il préfère mettre le sujet sous la protection de son talent ; il lui importe moins qu'à d'autres, ce nous semble, que le fait soit ceci ou cela, pourvu qu'il y trouvé un motif de peinture selon son goût. Son *Charles-Quint* n'offre, à part le nom et le rang du grand empereur, qu'un incident sans intérêt aucun, car il n'y a pas d'action plus insignifiante au monde que celle d'un homme qui se baisse pour ramasser une brosse de peintre tombée par terre. Cependant, comme les acteurs s'appellent Charles-Quint et Titien, l'évènement acquiert quelque intérêt de curiosité, intérêt du reste si mince, qu'il ne pourrait se maintenir un instant sans le secours de l'art qui le relève et y en ajoute un autre. Il est peu d'artistes dont la manière ait autant d'uniformité, et le talent une marche aussi égale ; il se soutient toujours au même niveau, sans jamais monter, baisser ou dévier. On peut dire de tous ses ouvrages ce qu'on a dit d'un seul ; il y a dans tous les mêmes qualités et au même degré. C'est un talent parvenu depuis longtemps au dernier point de sa force et à la pleine expression de son caractère. Aussi serions-nous très embarrassé de trouver pour son *Charles-Quint* un mot nouveau d'éloge ou de critique. Cependant, puisqu'il faut nécessairement nous répéter, disons encore une fois que tout ce que peuvent mettre dans une peinture une habileté pratique consommée, un esprit sain, une étude consciencieuse et patiente, aidée de beaucoup d'intelligence et d'adresse, un goût peu élevé, mais très sûr dans ses limites, trouve dans celle de M. R. Fleury. Tout cela compose un talent extrêmement estimable, mais qui ne mérite que de l'estime. Il est déjà certes fort loin de la médiocrité, sans avoir encore atteint la véritable supériorité. Il manque de liberté, de facilité, d'originalité, de spontanéité. Il n'a aucune physionomie bien décidée, et, sans vous choquer nulle part, il ne vous prend fortement par aucun côté. Le style, n'est proprement ni celui de l'histoire, ni celui du genre ; il est trop familier pour l'une, trop tendu pour l'autre ; le dessin est correct, ou plutôt exact, mais sans grandeur ; la couleur a de la solidité, de la finesse, et même, dans les tons locaux, de la force, mais elle est dépourvue de jeu, de vie, d'imagination ; ce n'est pas de la couleur de coloriste. Avec toutes ces restrictions, et quoique l'artiste ait mis un peu trop de solennité dans le récit d'une anecdote d'atelier, et dérangé sans nécessité de si grands personnages pour une bagatelle, son *Charles-Quint* n'en est pas moins une production distinguée.

Diderot raconte quelque part qu'un jour se promenant au salon, le peintre Chardin s'approcha de lui, le prit par la manche de son habit, et le conduisant devant un tableau, lui dit : « Tenez, monsieur Diderot, voilà un morceau de littérature. » Et Diderot ne prit pas le mot pour un éloge. On pourrait l'appliquer aussi à la composition de M. Papety, et dire : « Voici un morceau de philosophie. » S'il fallait juger de la valeur d'une peinture par les efforts de méditation qu'elle a coûtés à l'artiste, celle-ci serait certainement une œuvre insigne. Elle contient, dit-on, un sens profond, et remue tout un monde d'idées ; il n'est pas une figure, pas un mouvement, pas un détail, quelque petit qu'il paraisse, qui n'ait sa raison et une raison transcendante. On sait que cette grande page est un produit de l'école phalanstérienne. Cette secte est prometteuse ; elle ne parle jamais qu'au futur ; en attendant les bénédictions de toutes sortes qu'elle nous montre en perspective, elle nous donne un morceau d'art. C'est déjà quelque chose, et, sans être trop curieux, on est bien aise de faire connaissance avec l'art fouriériste. Plus circonspect encore que ses maîtres, M. Papety ne nous promet pas positivement le bonheur, il nous le fait voir de loin sous l'apparence d'un *Rêve*. On ne saurait être plus prudent.

Nous avouons ne rien comprendre à la pensée philosophique de ce tableau. Nous craignons qu'elle ne soit restée tout entière dans la tête de l'auteur, et qu'il n'ait mis sur sa toile que ce que chacun y voit, une réunion d'hommes et de femmes passant agréablement le temps à boire, manger, dormir, faire l'amour, lire, causer, danser, et écouter de la musique, assis ou couchés sur l'herbe, sous de beaux arbres, par une belle journée d'été. Si c'est là le paradis phalanstérien, il n'a rien de très neuf ; ce n'est pas la peine de le rêver, car il se réalise chaque jour dans les bois de Romainville et de Saint-Cloud. On me montre bien dans le fond de la scène un télégraphe agitant ses grands bras, et la fumée d'un bateau à vapeur qui fend les ondes, et l'on m'assure que c'est là qu'il faut chercher le sens philosophique du sujet. Cela signifie, dit-on, que le bonheur nous viendra par une meilleure organisation du travail et du commerce ; et par les conquêtes progressives de l'homme sur la nature. Je le veux bien ; mais, si la vue de ces pastourelles et pastourels se livrant à des attractions passionnelles de toutes sortes me donne un avant-goût assez agréable de la société future, je ne suis pas aussi rassuré sur le compte du pauvre diable qui, pendant que ces gens-là prennent du bon temps, est occupé, dans le donjon du télégraphe, à faire le plus sot et le plus insipide métier du monde, ni sur celui des chauffeurs de ce steamer qui rôtissent en ce moment même leur peau devant la fournaise de la chaudière. Il me semble que le bonheur de ces derniers ne ressemble guère à celui des autres, et qu'en définitive tout se passe là comme chez nous : ici le plaisir, le repos ; là la douleur, le travail. Indépendamment du télégraphe et du bateau à vapeur, il y a comme éléments symboliques de cette composition un lézard vert, un nid d'oiseau rempli d'œufs, et que sais-je encore ! Nous ne chercherons pas à pénétrer ces subtilités.

On pourrait être surpris, quand on connaît un peu les écrits de la secte, que M. Papety ait représenté le bonheur phalanstérien sous la formule d'un *far niente* napolitain combiné avec l'*otium cum dignitate* des anciens, si l'on ne savait qu'il a commencé son tableau à Rome, pays où l'idée de la félicité est inséparable de celle de la position horizontale, d'un air frais et de l'ombre, et se réduit à celle d'une sieste perpétuelle. Dans les paradis fouriéristes construits à Paris, les choses se passent différemment ; il y faut plus d'appareil et un immense matériel : des palais bien clos, bien chauffés, des salons magnifiques, des tapis, des bronzes, des dorures, un luxe féerique, des salles à manger ouvertes à tout venant, des tables ployant sous le poids des produits de la terre entière, des cuisines-monstres dont les fourneaux ne s'éteignent jamais, des ruisseaux de vin, et du meilleur, coulant en permanence, des bals étourdissants de gaieté et de folie, des parures de nabab, des vêtements de prince, des parfums, de la musique, de belles et jeunes femmes partout et à toute heure, des voitures inversables emportées par des hippo-cerfs ; dans ce paradis, on fait l'amour du matin au soir et du soir au matin, on dîne sept fois par jour, *sans compter les intermèdes*, et, pour ne pas perdre de temps on ne dort plus. Ces Edens ne se ressemblent guère, mais il ne faut pas disputer des goûts.

Toute philosophie, sociale ou autre, à part, examinons l'œuvre de M. Papety en elle-même, sans nous embarrasser davantage de sa signification symbolique. Le sujet est dans les données de la peinture. Il pouvait être traité de diverses manières, selon le goût et le genre de talent de l'artiste, depuis le style de la bambochade jusqu'à celui de la haute histoire. Il serait devenu, entre les mains de Teniers, une kermesse flamande, entre celles de Rubens, une de ses spirituelles et gracieuses *conversations* entre gens du beau monde, causant, riant et faisant collation dans de riants jardins ; Vatteau en eût tiré une de ses galantes *fêtes champêtres* ; Poussin l'eût transformé en une scène agreste et bachique dans le goût antique ; M. Winterhalter en a fait son *Décameron* L'idée n'étant en elle-même qu'un motif général à l'usage de tout le monde, elle ne prend un sens déterminé et n'acquiert une valeur que par la mise en œuvre. M. Papety, pensionnaire et grand-prix de Rome, élevé à L'école de M. Ingres, familiarisé avec l'antique et Raphaël, a voulu traiter son sujet dans un mode élevé, poétique, idéal, faire une œuvre de style, de dessin, de haute peinture historique. Son ambition était belle, et nous ne le détournerons pas de cette direction qui n'est certes pas commune. Seulement, il est à craindre qu'il ait trop entrepris pour un début. Quinze à vingt figures de grandeur naturelle, des nus, des draperies, de hautes intentions morales, des types héroïques et idéaux, tout cela réclamait une science profonde, une expérience consommée ou des facultés tout exceptionnelles. N'aurait-il pas fait un peu comme ces jeunes gens qui, à peine sortis du collège, cédant à la démangeaison d'écrire si commune à cet âge, trouvent tout simple de commencer par un poème épique ? La composition de M. Papety ne ressemble pas mal à ces essais qu'on rencontre quelquefois imprimés à la suite des œuvres complètes d'un écrivain, sous le titre de pièces de la jeunesse de l'auteur. On y trouve aussi, sous quelques traits heureux, un fonds vulgaire de pensées, une grande inexpérience des ressources de la langue, un ton déclamatoire, une phraséologie banale empruntée à la mode du jour, des sentimens factices et superficiels pris à la masse commune des idées littéraires, philosophiques ou politiques courantes, des placages mal joints de choses apprises de la veille, mêlées aux souvenirs d'anciennes lectures ; enfin, dans l'ensemble, une confiance qui s'appelle de la hardiesse lorsqu'elle est justifiée par le résultat, mais se réduit, dans le cas contraire, à de la présomption.

La donnée générale de M. Papety était heureuse ; elle offrait à l'artiste, comme nous l'avons dit, des motifs très variés, un thème très riche en développements de style, d'expressions, de couleur, d'arrangement pittoresque. Voyons ce qu'il a su en tirer. Comme aspect général, cette peinture provoque le regard par la prédominance des tons clairs, mais ces tons sont en général mats et crus, plutôt que vifs et forts ; ils manquent surtout de souplesse et d'harmonie. Sans précisément papilloter, ce tableau n'a pas l'unité d'effet qu'une meilleure entente de la distribution de la lumière lui eût donnée. Aussi l'impression première sur l'œil est celle de la surprise, bien plus que du plaisir. Nous n'insisterons pas sur ces défauts qui sont relativement de peu d'importance. L'ordonnance générale du tableau, c'est-à-dire la disposition des groupes et figures, a une certaine apparence de coordination qui serait assez satisfaisante, si l'on ne s'apercevait bientôt qu'elle n'est que dans les lignes et non dans l'esprit du sujet. Les figures sont groupées matériellement, mais isolées de fait ; la plupart posent pour leur propre compte, et n'ont d'autre liaison avec les autres que le rapport fortuit du voisinage. L'unité morale manque dans la composition comme l'unité matérielle dans la lumière et la couleur. Il n'est pas besoin, pour constituer cette unité, qu'il y ait entre les figures cette relation scénique absolument nécessaire dans la représentation d'une situation ou d'un fait réels, comme cela a toujours lieu au théâtre et le plus souvent en peinture ; il suffit d'une relation moins précise et tout idéale impliquée dans la communauté de sentiments et de pensées des personnages, communauté déterminée elle-même par le but général de leur réunion. Cette espèce d'unité est difficile à distinguer de l'autre, et plus difficile encore à réaliser. Elle se trouve parfaitement exprimée dans quelques-unes des fresques de Raphaël, au Vatican, particulièrement dans l'*École d'Athènes* et dans *le Parnasse*, compositions qui sont restées le type de ce genre de haute peinture philosophique morale dont M. Papety, après bien d'autres, a essayé de donner un nouveau specimen.

Si de l'ensemble on passe aux détails, l'insuffisance des moyens, comparés au but, devient plus sensible encore. Le style, le dessin, le goût, le caractère, restent fort au-dessous du sujet, tel que l'artiste l'a conçu. Presque toutes les têtes, celles d'hommes surtout, sont d'une vulgarité de type véritablement remarquable ; celles des femmes, moins banales et plus délicatement comprises, n'ont, comme forme et expression, rien de bien supérieur à ce qu'on appelle beauté, grâce et sentiment dans le langage et suivant les idées des salons, ou, ce qui revient au même, des romans. Il y a dans les nus des morceaux très habilement traités et d'un bon modelé mais, sans compter que le dessin est dépourvu d'originalité et de caractère, cette méthode de modeler est devenue si commune dans les peintures de cette école, qu'on ne peut guère faire un mérite à M. Papety de l'avoir apprise. Ce défaut d'élévation et de style des formes est d'autant plus saillant, qu'il contraste avec le caractère des draperies, empruntées pour la plupart à la statuaire antique avec une crudité d'imitation qui rappelle jusqu'à l'aspect fruste et granulé des marbres ou des plâtres dont, elles proviennent, et arrangées d'ailleurs avec un goût assez malheureux. Les expressions sont à peu près insignifiantes. Il n'y en a qu'une de bien appréciable, et certes des plus imprévues, sur tous ces visages : c'est celle d'une gravité méditative presque soucieuse. Les enfants même ont une petite mine réfléchie et pensive. On ne saurait s'amuser plus sérieusement. On dirait que ces gens-là se livrent au plaisir uniquement par devoir, pour remplir une prescription, et qu'ils ne sont heureux que pour l'acquit de leur conscience et pour faire honneur au système. Ils ne semblent s'être mis là que pour soutenir une simple thèse de philosophie, et, sauf les interlocuteurs d'un tête-à-tête passablement scabreux, ils ont tous l'air de s'ennuyer en cérémonie.

Il y a des intentions heureuses dans cette grande page, telle que le groupe de la femme qui cache nonchalamment son visage dans son bouquet, pour écouter sans doute avec moins de trouble ce que lui dit un jeune homme penché vers son oreille. La figure de la jeune coquette qui arrange ses cheveux en se mirant est aussi un motif ingénieux. On pourrait en trouver peut-être quelques autres ; nous ne les contesterons pas. On ne peut entreprendre une telle œuvre sans avoir du talent, et le talent, lorsqu'il existe, doit nécessairement se montrer quelque part. Si M. Papety, au lieu de vouloir s'élancer ainsi du premier coup au plus haut sommet de l'idéal historique et philosophique, s'était proposé un but mieux proportionné à ses forces, il eût certainement réussi, et son rêve de bonheur n'aurait pas été pour lui un rêve de gloire. Nous ne blâmons pas la direction qu'il a prise ; nous recevons la philosophie, la morale dans l'art. Nous pensons même qu'à notre époque la haute peinture historique, privée qu'elle est des sujets de représentation et du matériel pittoresque qu'elle possédait jadis dans la religion et dans l'antique mythologie, ne pourra guère trouver d'autres thèmes élevés et sérieux à exploiter que dans des sources du genre de celles où a puisé M. Papety, phalanstériennes ou autres. Mais la philosophie et la littérature ne suffisent pas ; il faut d'abord, et avant tout, qu'un peintre soit peintre ; on ne fait pas de l'art seulement avec des idées, avec des théories, avec des formules. De notre temps, le raisonnement esthétique est très développé chez les artistes, et le métier s'en va. Nous admettrons volontiers des peintres philosophes, mais non des philosophes peintres. Les premiers ont fourni Poussin ; quant aux seconds, ils seront toujours, nous le craignons bien, exposés, comme M. Papety, à ne faire admirer leur esprit qu'aux dépens de leur talent.

Après ces quelques morceaux d'*histoire* dans lesquels la critique trouve un texte ou prétexte pour s'exercer, qu'a-t-elle à faire avec la masse des productions de la même catégorie ? Sera-t-elle obligée de trouver un mot pour chacune et perdre son temps à discuter la valeur de ce qui n'existe pas ? La critique n'est pas le jury ; elle n'a pas à établir des rangs, à faire de la justice distributive ; il lui est permis de faire comme le public, de s'arrêter à ce qui lui plait, de fuir ce qui la choque, de prendre, de laisser, enfin de choisir. Nous userons librement de ce droit dans ce qui suit.

Nous avons indiqué déjà précédemment *les Baigneuses du jardin d'Armide*, de M. Glaize, le même qui nous donna l'an passé une *Psyché*. La donnée est la même ; ce sont des figures de femmes nues dans un paysage. Armide, voulant attirer dans ses rets Renaud et son compagnon, leur fait voir de loin ces deux jeunes filles dans un appareil qui ne pouvait manquer de piquer la curiosité de ces bons paladins. La description du Tasse les fait belles, mais la poésie en pareille occasion, ne vaut pas de beaucoup la peinture. Cette beauté est un peu sévère pour la circonstance. Celle des deux qui est debout a un air d'innocence qui conviendrait mieux à une Ève ; il y a peut-être dans les genoux et dans la jambe fléchie une légère faute d'orthographe. Le traité dans une manière large, tout-à-fait historique, et les accessoires, particulièrement une corbeille de fruits sur le premier plan, sont peints avec un grand talent. L'aspect général de cette toile, que nous voudrions voir plus remarquée, rappelle celles des maîtres, et il y a peu de tableaux au salon qui soient aussi tableaux que celui-ci. Un peu moins d'uniformité dans le ton, un peu plus de finesse dans le modèle, un peu plus de vie dans le coloris, ne nuiraient pas à cette peinture.

Si le *Guillaume-le-Conquérant*, de M. Debon, n'ava pas été placé hors de la portée de la vision distincte, on aurait pu juger si ce jeune artiste, dont l'an passé le *Jésus-Christ avec les pères de l'église* faisait espérer et promettait presque un coloriste, a tenu parole. Ce n'est ici, il est vrai, qu'un portrait historique et non une composition. L'artiste a groupé, derrière le duc de Normandie, quelques cavaliers dont les enseignes sont déployées au vent. Les masses du second plan nous ont paru d'un bon sentiment de couleur et, d'effet. La figure principale est bien posée, et nous ne trouvons à y reprendre que le ton dissonnant du camail en hermine, qui opprime les tons voisins et fait, en quelque sorte, tache en blanc.

M. Muller a fait, sur le motif du *Combat des Centaures et des Lapithes*, une variation de son *Héliogabale*. Même tapage de couleurs, même goût pour le laid, même dévergondage de main, même absence de composition. Il est bien difficile de dire ce qu'il y a dans ce fouillis de corps masculins, chevalins et féminins mis en tas et enchevêtrés les uns dans les autres, et le peu qu'on en reconnaît distinctement ne donne guère de curiosité pour le reste. Il y a pourtant dans tout cela un certain entrain d'exécution, un mouvement de couleur et un sentiment de l'effet pittoresque qui mériteraient d'être employés avec plus de discernement et de goût. Nos coloristes actuels, ou ceux du moins qui se piquent de l'être, ont une tendance singulière au Vanloo. On dirait qu'ils cherchent leurs modèles dans cette école dégénérée des Lemoine, des Raoux, du vieux Fragonard et autres, dont le petit maniérisme réduisit l'art profond et puissant des Titien et des Rubens à un jeu de main facile et brillant, et à une vaine fantasmagorie. Cette tendance n'est pas douteuse, du moins dans le tableau de M. Muller.

Celui de M. Menn, placé vis-à-vis, offre aussi une singulière manière de traiter la mythologie et les âges héroïques grecs. Il nous fait voir les *Syrènes* attirant Ulysse sur les écueils par la perfide douceur de leurs chants. Si le livret ne l'affirmait on croirait qu'il s'agit d'une scène empruntée à l'Arioste et au monde féerique Cette erreur de lieu et de temps à part, il y a dans cette peinture un goût de poésie fantastique qui ne nous déplaît pas. Tout y est, comme style, composition et couleur, conventionnel au dernier point et d'un caprice scandaleux mais, enfin, il y a dans ce caprice un sentiment non équivoque de l'art, et assez d'esprit pour faire passer le reste. Si, comme il y a toute apparence, l'auteur de ce tableau est aussi celui de quelques-uns des paysages refusés, il aurait mauvaise grâce de garder rancune au jury. Il comprendra que des académiciens, dont plusieurs parlent encore quelquefois de monsieur David, ont, en prenant ses *Syrènes*, fait un acte d'abnégation véritablement héroïque

Parmi les produits les plus intéressants de notre jeune école coloriste, il convient de ne pas oublier le *Trouvère* de M. Couture. Ce trouvère, pauvre artiste ambulant assez délabré, est une manière de Gil Blas assis sur un pan de mur, avec une guitare à la main, entouré de quelques petits vauriens de race et de propreté espagnole, et de jeunes filles auxquelles il a l'air de conter des histoires. Tout cela composerait un joli et frais morceau de couleur, si le quart au moins de la peinture promise n'était restée au bout de la brosse de l'artiste. Beaucoup de tableaux réputés finis aujourd'hui auraient paru, en d'autres temps, à peine commencés. M. Couture est cependant très capable, lorsqu'il le veut, d'aller plus loin que l'ébauche, comme le prouve son très beau portrait d'homme (n° 291, galerie de bois). Cette insuffisance d'exécution ne nous empêchera pas de le remercier des deux charmantes figures de femmes qu'il a placées au côté gauche de sa composition ; les têtes, d'une expression douce et pensive, et d'un sentiment poétique, sont peintes avec beaucoup de finesse, et c'est vraiment dommage qu'avec de si jolis visages ces belles dames aient de si vilaines mains et des toilettes si négligées.

Nous ne ferons que saluer en passant la belle *Grazia*, de M. Rodolphe Lehmann, comme une ancienne connaissance ; elle s'appelait, les années précédentes, *Chiaruccia, Mariuccia*. Mais viendra-t-elle toujours seule ?

Si la manière de M. Muller est un peu la caricature de la couleur, celle de M. V. Robert est la caricature du clair-obscur. Il s'agit d'un *Néron chantant pendant l'incendie de Rome*, peinture qu'il est difficile de ne pas rencontrer quand on entre dans le premier bras de la galerie et qu'on n'est guère tenté de revoir quand on en sort. Il n'y a rien de pire que la hardiesse malheureuse.

J'en sais au autre qui n'a pas été heureux non plus, quoiqu'il n'ait certainement aucune hardiesse à se reprocher ; c'est l'auteur du *Christophe Colomb*. Il a cru probablement faire de la couleur, comme s'il suffisait pour cela de rassembler un monceau d'étoffes,

de dorures, de mitres, de chasubles et d'accessoires de toute espèce..
Avec tout ce riche bagage, il n'a obtenu qu'un tableau d'un ennui
mortel.

Si l'on nous demandait des renseignements sur quelques autres
grandes pages historiques telles que *le Président de Harlay* de
M. Vinchon et *le Président de Harlay* de M. Abel de Pujol, nous
dirions que ces deux peintures se ressemblent tant *omni ex parte*,
qu'il serait impossible de distinguer quelle est celle des deux qui
est faite par un académicien. On ne fera aucun tort au *Chancelier
de l'Hôpital*, de M. Caminade, de le citer immédiatement après les
deux qui précèdent. C'est une peinture du même genre, et dont on
peut faire le même éloge ou la même critique. Quant à la *grisaille
des Danaïdes*, de M. Abel de Pujol, elle est remarquable par de belles
qualité de dessin et de composition ; elle a surtout le mérite de ces
sortes de peintures destinées à produire jusqu'à un certain point
l'illusion d'une sculpture de bas-relief. On sait que cet artiste est
particulièrement habile dans ce genre de peinture monochrôme.
Il y aurait aussi du même, d'après le livret, une *Chlodsinde* que
nous avouons n'avoir pas vue, ce qui nous permet d'en faire l'éloge
en toute sûreté de conscience. Cette commode ressource nous
manque malheureusement pour la *Jeanne d'Arc* de M. Henri
Scheffer. Il est possible, pour parler comme Chardin, que ce soit
là un morceau de littérature, mais ce n'est certainement pas de
la peinture. M. Henri Scheffer finira par nous faire douter qu'il
ait peint un certain jour la *Charlotte Corday*. M. Decaisne, dans
son *Plafond* destiné à la chambre des pairs, a essayé d'associer le
style au pittoresque, le grandiose au théâtral, la pensée à l'apparat,
et il y aurait réussi sans doute si la chose eût été possible. Quoi
qu'il en soit, son tableau n'est en réalité que ce qu'il doit être pour
sa destination, c'est-à-dire ce qu'on appelait autrefois une grande
machine, exécutée avec facilité, imagination et talent. L'immense
bataille de M. Larivière (*la Levée du siège de Malte*) est aussi,
dans un autre sens, une terrible machine. Ceci est de la peinture
fabriquée en grand, par des procédés expéditifs et infaillibles ;
on peut s'engager en livrer tant par mois, tant par semaine. M.
Feron opère peu près de la même manière, s'il faut en juger par
ses *Funérailles de Kléber*. Batailles pour batailles, nous préférerions
celles de MM. Beaume (*Bataille d'Oporto*) et Bellangé (*Combat de*

la Corogne), sœurs jumelles, comme dirait M. Casimir Delavigne, destinées sans doute à se faire pendant à Versailles. Dans ces deux mémorables actions, où le maréchal duc de Dalmatie commandait en chef, les Français sont, comme on le pense bien, vainqueurs sur toute la ligne. Je ne crois pas que nous ayons été battus une seule fois en peinture. M. Léon Cogniet s'est adjoint pour sa *Bataille la Mont-Thabor* M. Philipoteaux, et pour celle d'*Héliopolis* M. Karl Girardet. On en vient maintenant, à ce qu'il paraît, à faire un tableau à deux, comme un vaudeville. La part de ces trois mains ne serait pas facile à faire dans ces ouvrages, remarquables du reste par la verve d'exécution et par des effets d'ensemble piquants. *Le Convoi*, de M. Charlet, vient à point à la suite de ces batailles, il en est le triste et inévitable corollaire ; c'est une scène du genre de celles que Callot a gravées dans ses *misères de la guerre*. Il y a ici, comme dans tous les Charlet, beaucoup d'esprit, de trait, et de couleur locale ; mais, sous le rapport de l'exécution, cette peinture n'est guère qu'une spirituelle pochade. *L'Épisode de la retraite des dix mille*, de M. Adrien Guignet (qui n'est pas le portraitiste), est un fragment épique calqué sur la *Défaite des Cimbres et des Teutons par Marius*, de M. Decamps. On doit s'étonner qu'ayant le talent, l'imagination et l'habileté incontestables déployés dans ce morceau, on ne tente pas de les employer à quelque chose de mieux : qu'à des contrefaçons : ce n'est plus là simplement imiter un maître, c'est le singer.

Mais c'est assez parler batailles.

C'est faute d'avoir rencontré jusqu'à présent une meilleure place, et désespérant d'en trouver une préférable ailleurs, que nous mentionnons ici la *Thamar* de M. Horace Vernet. Il n'y a pas à discuter ce caprice sans conséquence d'un talent sur lequel on ne peut plus dire que des lieux-communs. On s'est un peu scandalisé de la manière dont M. Horace Vernet, qui n'est nullement théologien, entend la Bible. Il paraît en effet s'être servi, pour nous en traduire cette *galanterie*, du commentaire de Parny. On a été étonné aussi de lui voir affubler à la bédouine les saints personnages de l'histoire sacrée, et d'en parler avec un ton de familiarité dont l'art ne s'était jamais avisé à leur égard. Ce sont là des peccadilles d'un homme d'esprit. Mais M. Horace Vernet est coupable en ceci d'un méfait bien autrement grave ; il a produit M. Schopin. C'est là un crime d'art véritablement irrémissible dont aucune pénitence ne pourra l'absoudre. Cependant il aurait pu en commettre un plus grand encore : c'eût été M. Steuben.

IV. TABLEAUX DE GENRE - PAYSAGES - PORTRAITS - GRAVURES

Qui croirait que M. Meissonnier a pu faire de la peinture pendant longtemps sans que personne ne doutât et sans qu'il s'aperçût lui-même qu'il était un peintre ? Singulière destinée du talent ! Il débute par l'histoire, oui, l'histoire, et la plus haute histoire. Il cherche le grand, le sublime ; il médite, il étudie, il copie l'antique, Raphaël, le Poussin. Les saints, les héros, les anges, les dieux, posent devant lui. Il réussit mal, il recommence. Obsédé par une idée de perfection qu'il veut réaliser à tout prix, il redouble d'efforts ; mais le but auquel il aspire s'éloigne sans cesse. Alors le jeune artiste commence à douter de lui-même ; il s'étonne de tant aimer l'art et d'y avancer si peu, de se sentir à la fois tant de force et tant de faiblesse. Le hasard, car on appelle ainsi un bruit entendu dans la rue, une idée venue on ne sait d'où qui traverse l'esprit, un mot échappé de la bouche d'un ami ; le hasard donc, sous quelqu'une de ces formes, lui souffla un beau jour la pensée que voici : « Je fais les choses grandes petitement, si j'essayais de faire grandement les petites ! » Il avait trouvé le mot de l'énigme et le secret de son talent. Dès ce moment, M. Meissonnier s'enferma dans le petit monde dont il venait de faire la découverte, et il s'y trouva si à l'aise qu'il n'en sortit plus. Comme il avait changé de pays, il fit de nouvelles connaissances ; il se lia avec ceux qui s'y étaient établis avant lui ; il fréquenta Metzu, Terburg, Ostade, Miéris, Téniers et les autres. Il les écouta tous, sans en suivre aucun ; il se créa une manière propre qui rappelle sans doute ces maîtres, parce que les bonnes choses dans le même genre se ressemblent, mais qui n'est celle d'aucun d'eux en particulier. Les a-t-il égalés ? C'est ce qu'on ne pourra décider que plus tard ; en attendant, il suffit, pour la gloire de l'artiste, qu'on élève la question. Dans tous les cas, son dernier ouvrage sera certainement un de ceux qui pourront plaider en faveur de l'affirmative.

Cette année, nous sommes introduits dans un *Atelier de Peintre* ; les personnages sont, comme dans la fameuse *Partie d'Échecs*, au nombre de trois. Que font-ils ? que disent-ils ? ici, les avis se partagent. Notre interprétation, qui ne sera peut-être pas la meilleure, ressortira naturellement de l'analyse de la scène. Le propriétaire du local, le peintre, est assis, les jambes croisées et le corps courbé en avant, devant une toile posée sur un chevalet ; il tient de sa main gauche sa palette et son appuie-main, de la droite son pinceau ; il peint. Il est coiffé d'un bonnet serre-tête noir ; une jaquette assez râpée, des culottes courtes et des bas négligemment tirés complètent son costume d'atelier. Tout entier à sa besogne, du moins en apparence, il paraît complètement étranger à ce qui l'entoure ; son œil fixé sur la toile suit et dirige le mouvement de sa brosse. Voyons les deux autres. Le premier, c'est-à-dire le plus voisin du spectateur, est assis sur un fauteuil à gauche du peintre, le corps un peu renversé en arrière, les jambes croisées, la tête légèrement inclinée, d'un air à la fois approbateur et capable, du côté du tableau. Son riche habit pailleté, à gros boutons d'or étincelants, et la recherche de toutes les parties de sa toilette, indiquent un seigneur ou un financier quelqu'un de ces amateurs opulents qui tranchent du Mécène ; à la manière dont il se carre dans son fauteuil, on voit qu'il n'a pour le moment aucune affaire en tête, et qu'il ne partira pas de sitôt. Le second, vêtu plus simplement, pourrait bien n'être qu'un simple bourgeois, un habitant de la maison, par exemple venu sans façon visiter son voisin, en attendant l'heure du dîner. Celui-ci est debout derrière le peintre, et, s'appuyant des bras et des coudes sur le dossier de sa chaise, se penche un peu en avant et de côté pour bien suivre la marche de la brosse, curiosité qui pourrait sans doute flatté l'amour-propre de l'artiste, si elle n'avait pour résultat un phénomène fort inquiétant, le mouvement insensible probablement imprimé à sa chaise par les manœuvres des épaules et des bras de son admirateur. Cette situation, déjà fâcheuse, deviendra plus grave encore, si l'on considère que l'autre visiteur s'est établi, et pour longtemps, à ce qu'il paraît, dans une attitude pour le moins aussi malheureuse. En s'installant dans son fauteuil, sa cuisse droite a pris une direction oblique du côté du bras gauche du peintre, qui, pour soustraire la palette à la menace incessante du genou, est obligé de rester collé au corps, et ne jouit que de mouvements très circonscrits. L'artiste ne dit mot : c'est tout au plus si, de temps en temps, nos deux amateurs parviennent à lui arracher quelque monosyllabe. Quoiqu'il paraisse entièrement absorbé dans son travail, il est distrait sa pensée est ailleurs. Il est, en réalité, occupé à se demander si cela durera longtemps, et à calculer à quelle heure à peu près ces messieurs jugeront à propos de partir. On sent, du reste, qu'il a peu d'espérance, et qu'il est décidé à se résigner : non sans quelque humeur toutefois ; car, bien que des motifs faciles à supposer l'obligent à ménager ses visiteurs, ou voit qu'au fond une serait pas fâché que le diable les emporte. Il paraît particulièrement irrité, contre son voisin de gauche, dont les manières dégagées lui sont d'autant plus incommodes que la force inexpugnable de la position où il s'est établi laisse moins d'espoir d'une prochaine délivrance. Quant aux deux amateurs, ils ne se doutent pas le moins du monde de l'effet qu'ils produisent : ils devisent, dissertent, prononcent, louent, conseillent, plus satisfait encore probablement de la sagacité de leurs observations et de la justesse de leur goût, que de la beauté de la peinture. Ne doutez pas que lorsqu'ils se retireront, ce qui arrivera Dieu sait quand, ils ne se quittent très satisfaits l'un de l'autre, et ne se donnent une poignée de main sur l'escalier avant de se séparer.

Cette petite comédie à trois acteurs se joue sur une toile de trois à quatre pouces carrés.

M. Meissonnier a le talent de l'observation, non pas de cette observation superficielle et grossière qui ne voit rien au-delà de la première apparence des choses, mais cette observation, fine et profonde qui pénètre intimement dans tous leurs détails caractéristiques et les épuise. Il. donne à ses personnages une individualité qui les fait entrer dans le domaine de la réalité. On sait non-seulement ce qu'ils font, mais ce qu'ils sont ; on les connaît, on a une idée de leur caractère, de leur humeur de leur esprit ; on pourrait dire une partie de leur histoire. Or, c'est là ce qu'on appelle créer. Et ce que nous disons des figures, il faut le dire de tout le reste, du costume, des accessoires, de toutes les circonstances de lieu et de temps. Les habits de ces trois hommes n'ont pas été empruntés pour jouer un rôle ; ils les portent avec tant d'aisance et de naturel, qu'on ne peut douter qu'ils n'aient été taillés pour eux. Tout est parfaitement homogène et conséquent dans les éléments si nombreux et si variés de la scène. A ce degré de finesse, d'étendue et de puissance, l'esprit, d'observation et de l'invention ; l'œuvre de l'artiste n'est plus une simple imitation matérielle de ce qui est vu par les yeux, mais un produit de son esprit, la représentation d'une vue intérieure de l'intelligence, pour la réalisation de laquelle la nature ne fournit que des matériaux, et non le modèle qui n'existe et ne peut exister que dans l'imagination. Il y a de l'idéal partout où il y a de l'art ; il y en a dans cette petite comédie de M. Meissonnier, comme dans la *Transfiguration* de Raphaël. Seulement l'idéal a des différences et des degrés ; il est plus ou moins élevé, ou autre, suivant la nature des sentiments et de la pensée qui lui sert de base, et il est d'autant plus difficile à concevoir, d'autant plus difficile à exprimer, qu'il porte sur les objets les plus hauts de nos facultés. C'est à cause de cela que, dans la hiérarchie des productions de l'art et d'esprits, le premier rang dans l'admiration des hommes est acquis de droit aux œuvres et aux artistes qui ont réalisé l'idéal de l'ordre le plus élevé. Voilà pourquoi un Ostade sera toujours plus petit qu'un Poussin, pourquoi l'art flamand en général, bien qu'aussi riche et aussi parfait dans sa sphère, cède le pas à l'art italien. La peinture de genre vit aussi de l'idéal comme celle d'histoire ; l'art y est tout aussi créateur et au mêle titre, bien que ce qu'il crée soit d'un moindre prix. Cependant ce prix, malgré son infériorité relative, est encore assez haut pour suffire à l'ambition du talent le plus fort. Notre peintre Chardin a mis presque du génie dans ses tableaux de nature morte. Celui-là avait trouvé l'idéal d'un assortiment de quelques pots cassés, d'un violon, d'un vieux bouquin, d'un télescope, d'une clochette, d'un pain entamé, d'un citron et d'un oiseau mort. M. Saint-Jean a rencontré celui des fleurs. Avec une vingtaine de fleurs et de feuilles, arrangées en rond, il a fait une œuvre de main de maître, supérieure, sauf une ou deux exceptions, aux quinze cents autres tableaux du salon, parce que le sien est excellent dans son genre (il n'y a pas de mauvais genre), et que les autres sont médiocres, c'est-à-dire nuls, dans le leur.

Sous le rapport de l'exécution, M. Meissonnier nous paraît en progrès. Sa touche a acquis, ce, semble, plus de sûreté, sans rien perdre de sa délicatesse. Toutes les parties sont traitées avec un égal amour de la perfection ; les têtes surtout sont d'une extrême finesse de forme et de ton, étudiées à fond, avec détail et précision, mais sans minutie. Il y a peut-être cependant un défaut de modelé et de rendudants les jambes de son peintre, qui se laissent chercher. La couleur manque aussi un peu de ce ressort puissant qu'on admire dans les bons maîtres flamands et hollandais. Au reste, dans l'exécution de M. Meissonnier, il y a en général plus d'esprit et de finesse que de force et de décision.

C'est le temps seul qui classe les œuvres et y met leur vrai prix. Parmi ces quinze cents tableaux du salon, combien y en a-t-il d'assez forts pour pouvoir se soutenir après trente ans dans une galerie à côté des maîtres anciens ? S'il y en a deux, trois, celui de M. Meissonnier sera nécessairement du nombre, et, s'il n'y en a qu'un, ce sera probablement le sien.

La manière de M. Meissonnier, ou plutôt son succès, a fait des prosélytes. On n'a pas tardé à l'imiter, et même à le parodier. C'est ce qui est arrivé cette année, à M. Jacquand avec son *Café Procope* en deux parties Mais à quoi pense donc M. Jacquand ? Dans quelle société, bon Dieu ! va-t-il se fourrer ? Piron, Voltaire, Gresset, Rousseau, Marmontel Thomas, Crébillon, et qui sais-je encore ? Quel rapport peut-il y avoir entre ces gens-là et M. Jacquand ? M. Meissonnier, qui a de l'esprit et qui en met dans sa peinture, n'eût pas osé les mettre en scène. M. Jacquand, lui, a jugé que sa touche était assez fine pour exprimer tout ce qu'il a eu de plus spirituel au monde. Ce qu'il y a de plus bouffon en ceci, c'est qu'une bonne partie du public a pris la parodie au sérieux.

M. Giraud n'a pas été beaucoup plus heureux avec la poudre, les paniers, les habits de soie, la pommade, et toute la défroque des boudoirs de la régence. Que ne faudrait-il pas d'art et d'exécution pour faire supporter cette pitoyable anecdote des *crêpes* ? Passe pour le *Colin-Maillard*. Encore ne voyons-nous là qu'une grimace de Watteau ou plutôt de Lancret. Or, à quoi bon faire du mauvais Lancret ? Et quand on en ferait du bon, à qui, à quoi cela servirait-il ? cela du talent ! Mais où n'y en a-t-il pas dans ces mille toiles ? Ne faut-il pas du talent pour faire les horribles Savoyards de M. Hornung ?

Les *Chanteurs espagnols* de M. Adolphe Leleux nous placent dans un ordre d'idées plus sain. Sous une treille, à la porte d'une *posada* de

Navarre, des groupes d'hommes, d'enfants et de femmes, sont échelonnés à diverses hauteurs sur les marches d'un escalier. Un des personnages chante en s'accompagnant de la guitare. Cette donnée fort simple n'a d'autre intérêt que celui qu'y peut mettre l'imagination de l'artiste. M. A. Leleux en a tiré une fraîche, grave et douce scène, analogue sans doute par le caractère à la romance chantée par le guitariste. La disposition scénique des figures est ingénieuse, facile à saisir, et d'un effet piquant, quoique naturel. Cependant les plans sont trop faiblement accusés, et empiètent les uns sur les autres Ceci est un péché d'habitude. On a cru retrouver dans ces physionomies espagnoles un reste du caractère mélancolique de ces Bretons dont il nous a déjà plus d'une fois raconté les mœurs. Il s'y retrouve en effet, mais il n'a pas été pris en Bretagne ; c'est le sentiment de l'artiste qui se reflète sur ces visages de paysans espagnols, Comme sur ceux des paysans bretons. L'artiste ne prend au fond presque rien à la nature, il tire tout de lui ; car la nature donne tout ce qu'on y cherche, et on n'y cherche que ce qu'on a déjà en soi. Chaque artiste a son ton général, non-seulement dans sa couleur mais aussi dans tout le reste ; et ceux qui passent pour les plus créateurs n'ont guère fait que se répéter. Il en est peu qui aient inventé plus d'un type de tête. Ils ont beau vouloir s'en écarter, ils y retombent toujours. Si M. A. Leleux passe un jour d'Espagne en Italie, il y trouvera aussi la Bretagne, car il verra les Italiens des mêmes yeux qu'il a vu les Bretons. Ceci n'est point un blâme ; ce serait plutôt un éloge. La couleur a sensiblement gagné en éclat et en effet ; malheureusement elle manque encore de solidité et de nerf ; c'est moins de la couleur qu'un joli bariolage. Avec tout cela, cette composition est attachante par la douceur et la naïveté du sentiment qui y domine ; ce sentiment est le côté original de la manière de M. A. Leleux, et s'il y a parmi nos peintres des talents plus forts, plus brillants, plus hardis et plus complets, il n'y en a pas certainement de plus aimable.

Nous serons très sobre de citations, de tableaux de genre, précisément parce qu'ils abondent. L'*Atelier d'un peintre, les Chanteurs navarrais* et *la Guirlande de fleurs* sont les seuls trois morceaux qu'on regarde plus d'une fois ; à moins qu'on ne veuille y ajouter *les Templiers*, de M. Granet, scène d'intérieur exécutée avec la vigueur de touche qui caractérise ce maître, mais dont le mérite est maintenant trop prévu pour exciter beaucoup d'intérêt.

Il y a dans *les Condottieri* de M. Baron quelque chose qu'on pourrait appeler du marivaudage de coloris. Et ceci serait flatteur, car le marivaudage est une charmante chose, surtout dans Marivaux ; par malheur il y a quelque chose de plus visible, c'est le pastiche. Il a emprunté des couleurs à tous ceux qui passent pour en avoir, à Decamps, à Isabey, à Lepoitevin, à Delacroix et autres, et les a mises sur sa toile côte à côté, sans doute pour que les prêteurs pussent reconnaître leur bien et le réclamer au besoin. Ce petit morceau ne laisse pas cependant que d'être agréable. M. Lepoitevin a représenté le peintre Van de Velde placé sur un grand canot, peignant d'après nature un combat naval. Cette peinture est extrêmement soignée, lissée, proprette, en un mot prête à livrer. Cette coquetterie est du reste justifiée par des qualités réelles.

Avec de bonnes études faites sur les ouvrages de M. Henri Scheffer, de M. Destouches, de. M. Jacquand et autres maîtres de l'école du drame larmoyant, on peut arriver à composer un tableau comme les *Derniers conseils d'un père*, de M. Hunin. Cette peinture va à l'adresse des cœurs sensibles, et, comme elle est très morale, nous en recommandons la lecture.

Il y a un bon sentiment de couleur dans deux petits tableaux de M. Alexandre Couder (qui n'est pas l'académicien), *le Juif* et *la Servante* ; des idées ingénieuses et un joli ton dans les six de M. A. Del Jacroix, Intitulés *le Départ pour la pèche, la Fontaine, la Promenade*, etc. Ce sont les productions d'un art modeste dont il serait aussi difficile de caractériser le mérite que les défauts, mais qui tiennent rang honorable dans la masse et sur le catalogue des acheteurs.

Je ne sais quel nom il faut donner, dans la vaste nomenclature des genres, à ce petit tableau microscopique, peint on ne sait sur quoi ni avec quoi, qui représente une *Courtisane*. Nous pensons que cette chinoiserie de M. Patry fera un très bon effet entre les quatre baguettes d'un écran. Du reste, comme travail de miniature et sous le rapport de la difficulté vaincue, ce morceau n'est pas sans valeur. La tête de la courtisane est même d'un goût de dessin assez pur ; mais, malgré tous les mérites de ce phénomène rare et curieux, nous ne voudrions pas assurer que ce fût là le plus beau tableau du salon de l'année 1843.

M Lavalard, nom peu connu au salon, mais beaucoup des artistes qui ont vu et admiré ses précieuses copies de tableaux flamands, a exposé, sous le titre de *Geneviève la fleuriste*, une petite composition qui prouve qu'elle n'a pas oublié les leçons de ses maîtres.

Tout auprès, nous avons revu, avec plaisir et regret tout à la fois, quelques beaux dessins au lavis et à l'aquarelle de M. Révoil, peintre de talent et qui fit école, mort il y a peu de mois. Le plus grand et le plus intéressant pour le sujet représente une pêche faite en présence de François Ier.

M. Guillemin et M. Gros-Claude se partagent le domaine de la bouffonnerie pendant les congés de M. Biard, qui ne fait plus que des combats de mer, des aurores boréales et des ours blancs. Le premier est un plaisant assez froid, il est vrai, mais qui a un certain talent d'observation et quelques qualités d'art. L'art, le goût, la raison, défendent parler du second.

Qu'est-ce que *Sultan chien de chasse* ? C'est un beau chien braque, je crois, entouré de tous les attributs de sa profession. La tête est vivante. Une grande vérité d'imitation, une bonne couleur, recommandent cette peinture d'un artiste dont le nom ne nous était pas encore parvenu (M. L. Appert), à moins qu'il ne fût l'auteur d'une certaine *Agrippine* du précédent salon, laquelle ne valait pas *Sultan*, à beaucoup près.

Examiner les portraits, triste et fatigante besogné de critique ! Chercher dans tout le dictionnaire des arts des mots introuvables pour exprimer des différences qu'on peut à peine sentir ! Essayons pourtant ; il en est cinq ou six qui méritent cet effort. Et d'abord les deux portraits de M. Couture, celui d'homme surtout, peints tous deux dans une grande, large et simple manière ; puis ceux de MM. Hyppolite et Paul Flandrin, serrés et presque pincés de dessin, d'un modelé ferme et précis, non sans quelque raideur pourtant et un peu de pédantisme. Le portrait d'homme de M. Léon Cogniet (grand salon) est d'une saillie puissante, plein de vie, d'action et de vérité. On trouve des qualités analogues dans celui de M. Drolling (deux figures de femmes). Celui de femme par M. Cornu est grassement et largement peint. Ceux de M. Henri Lehmann (une comtesse, une vicomtesse et une marquise) ont précisément les qualités opposées. Ils seraient plutôt froids et secs. Ils pêchent surtout par la couleur, qui manque à la fois et de vérité et de charme.

M. Chasseriau a voulu, peut-être sans nécessité, entreprendre une chose difficile, faire un tableau avec deux figures de femmes, toutes deux en pied, de même taille, toutes deux de face, toutes deux vêtues d'une robe de même couleur, de même étoffe, avec le même châle, posé de la même manière, et soutenir cette espèce de gageure sans employer aucun artifice de lumière et d'effet, uniquement par l'autorité du style, de la forme, du caractère. A-t-il suffisamment réussi ? Nous ne le pensons pas. Cependant il a exécuté ce tour de force avec une résolution et une habileté qui méritaient de triompher. Quant aux portraits, considérés isolément, les figures ont une grande tournure ; les têtes et les mains sont d'un dessin sévère, énergique et fin, quoique manquant un peu de relief et de plans dans le modelé.

On ne conçoit vraiment rien au jury. Il refuse la sculpture de M. Antonin Moine, et prend sa peinture ; c'est opérer au rebours du bons sens. Il y a plus, cette peinture de M. Antonin Moine le statuaire se trouve être un pastel, et ce pastel est un portrait en pied d'une jeune et très agréable dame en costume des bergères de Boucher !

Quant aux portraits de M. J.-B. Guignet, ce que nous avions prévu est arrivé. Il en avait huit l'an passé, on en remarqua deux ; il en a huit aussi cette année, et on n'en cite qu'un, rare, à la vérité par le ridicule. Ce n'est pas qu'il n'y ait dans ceux-ci ce qu'il y avait dans les autres. C'est le même moule ; il donne les mêmes épreuves ; mais ces épreuves n'ont plus de valeur, par cette unique raison que ce sont les mêmes.

Nous sommes heureux de rencontrer au bout de cet ingrat catalogue quatre charmants petits portraits en pied aux crayons de M. V. Vidal, d'un dessin facile, élégant et original ; ils sont d'un goût imprévu par le mélange du caprice du croquis avec la recherche du caractère. Quoi qu'il puisse advenir de cette nouvelle manière, elle indique un talent d'une rare distinction. Lorsque, dans une réunion de paysagistes de notre jeune école, on compte parmi les absens MM. Cabat, Marilhat, Aligny, J. Dupré, qui n'ont rien envoyé, MM. Corot, Huet, Français, Flers, Loubon, Legentile, expulsés ou horriblement mutilés par le jury, on peut s'attendre à des mécomptes. Cependant, malgré la brèche faite par les démissions et les décimations, il y a encore à choisir.

Ce genre est riche en œuvres et en talents, et c'est celui où l'on a le plus souvent à annoncer des nouveautés de goût. Il semble qu'il y a plus de spontanéité, d'individualité dans les tableaux de paysage que dans les autres. La différence d'une toile à l'autre est plus marquée ; on y est moins importuné de la fatigante uniformité des procédés, du technique, de l'école. Ils offrent une bien plus grande variété de styles, de manières, de systèmes. Serait-ce parce que les paysagistes passent moins de temps dans les ateliers que dans les champs, et qu'ils se mettent de meilleure heure et plus souvent en rapport avec la nature ? qu'ayant reçu dans ce contact des impressions plus fraîches, plus naïves, ils sont moins influencés, lorsqu'ils se mettent à exécuter, par l'autorité des exemples, par les règles conventionnelles de l'école et les habitudes routinières du métier ? Sans doute, tout cela est pour beaucoup dans le résultat, mais nous croyons qu'il a une cause plus générale. Bien qu'il y ait aussi un apprentissage dans l'étude et l'observation de cette nature, qu'on appelle si à tort inanimée, bien qu'on ait besoin d'apprendre à la voir, comme la nature vivante, les aspects sous lesquels elle peut apparaître à l'artiste sont beaucoup plus variés et changeants. Elle ne pose pas devant lui comme le modèle vivant dans l'atelier, qui n'a qu'une attitude que tous voient et sont forcés de voir à très peu près de la même manière. Faites peindre d'après nature le même site à vingt jeunes gens, vous serez surpris de la diversité extraordinaire des copies ; elles différeront d'effet, de caractère, de couleur, de lumière ; aucun n'aura vu ce que voyait l'autre. Répétez l'expérience sur le modèle vivant, et vous obtiendrez le résultat inverse ; ici c'est l'uniformité des imitations qui vous frappera ; il y aura encore nécessairement des différences individuelles, mais elles seront dominées par les ressemblances. Dans le paysage l'objet à représenter, n'étant pas rigoureusement délimité, est par cela même susceptible d'un plus grand nombre d'interprétations, et par conséquent l'imitation, qui est toujours une interprétation, en est plus libre, plus arbitraire. C'est là ce qui contribue principalement à introduire dans les peintures de paysage une plus grande variété de types. Cependant, comme il est extrêmement difficile de voir par ses propres yeux et assez facile d'imiter un maître, il se forme aussi, en paysage, des écoles, des systèmes, des routines. Seulement ces formules sont moins despotiques, plus variées, et laissent plus de jeu à la manifestation des qualités natives et individuelles de chaque artiste.

Edouard Bertin, dans ses *Souvenirs de Sorrente*, a cette fois admirablement réussi ; nous disons cette fois, car il est inégal. On pourrait voir la nature italienne autrement, mais difficilement d'une manière plus large et plus poétique. Parmi les paysages de style, celui-ci est certainement un des plus distingués et par l'esprit et par l'exécution. Nous sommes moins satisfait du *Cyclope* de M. Desgoffe, composé dans le goût héroïque. Ce n'est pas que la composition n'ait une certaine grandeur, mais l'exécution n'y répond pas tout-à-fait : elle est insuffisante et par trop conventionnelle Admettons qu'il faut idéaliser, c'est-à-dire beaucoup élaguer dans le matériel de l'imitation ; il faut pourtant aussi que des rochers soient des rochers, que les arbres soient des arbres. Sa vue de la *Campagne de Rome* est bien préférable sous ce rapport. L'effet en est calme et grave ; elle donne de la solitude et du silence. M. Paul Flandrin est aussi de cette école de paysagistes qu'on pourrait appeler *l'école romaine*, et qui procède du Poussin. Son petit paysage à cadre rond, reconnaissable par un petit berger marchant en tête de son troupeau, est d'un sentiment et d'un goût plein de charme. Sa *Promenade du Poussin* plaira moins. Elle manque de vérité partout, dans le ton, dans le modelé des terrains, dans les eaux, dans la végétation. La composition est d'ailleurs d'une simplicité très voisine du dénuement. Le grand paysage historique de M. Buttura (*le Ravin*) a une forte teinte d'académisme ; il sent l'école. Nous n'y voyons qu'une mise en œuvre habile de matériaux tirés des grands magasins du pittoresque classique. M. Buttura a besoin de la nature. C'est là aussi qu'il faut renvoyer M. Blanchard, qui, dans ses deux grandes *Vues* des environs de Lyon et de Luzarches, s'est encore trop souvenu de ses études d'atelier. Ce sont là, du reste, deux talents qui ont de l'étoffe et de l'avenir.

Le jury n'ayant pas voulu nous laisser voir le grand paysage historique de M. Corot (*la Destruction de Sodome*), il faut lui savoir gré d'avoir accepté ses *Jeunes filles au bain*. Ces jeunes filles, au nombre de trois, ne sont pas précisément belles ; elles n'ont que cette grâce naïve de sentiment et de mouvement qui est un des secrets du talent de l'artiste, et dont le charme attractif fait oublier les négligences du dessin et la maladresse de l'exécution. Dans les paysages de M. Corot, les arbres sont comme les figures ; ils ont le même port, la même tournure, le même abandon, la même innocence. C'est probablement à l'influence de son exemple que nous devons la composition de M. Teyaut (*Diane surprise par Actéon*) ; on y retrouve des inspirations de sa manière, dont M. Teytaut semblerait vouloir être le Michel-Ange laissant à son maître la gloire d'en être le Raphaël. Ce grand paysage a le tort de trop ressembler, au premier aspect, à un morceau de décoration de toile peinte ; on ne peut cependant y méconnaître beaucoup de force d'invention et une véritable originalité. Les grandes montagnes du fond sont d'un jet hardi et d'une grande tournure, et l'on peut en dire autant des arbres qui les encadrent des deux côtés. Il y a dans tout cela trop de fantaisie, pas assez de science mais certainement de la force et de l'imagination. Quant aux figures, elles sont de celles que les paysagistes doivent donner par-dessus le marché à l'acheteur, à l'exemple de leur patriarche Claude Lorrain, qui cependant les faisait un peu meilleures.

M. Koekkoek ne peint pas à Paris, comme son nom l'indique de reste ; il a envoyé de Clèves un grand paysage auquel on a donné, par courtoisie nationale, une des places d'honneur au salon carré. Ce morceau est très admiré et il doit l'être, car c'est véritablement un prodige de travail. Il est difficile d'aller plus loin comme imitation matérielle de la nature ; c'est un trompe-l'œil. Cette habileté, toute rare qu'elle soit, n'est pas cependant tout-à-fait de l'art ; elle inspire plus de curiosité que d'intérêt. Il y a une extrême vérité matérielle, mais elle n'est que dans le détail ; l'effet d'ensemble est nul, ou même faux ; aussi est-on étonné que ce portrait *si bien fait* d'une forêt ne vous renvoie aucune de ces impressions que le spectacle des grands bois fait toujours sur l'âme.

Malgré le mérite technique de cette production d'outre-Rhin nous aurions préféré voir à la place un autre *intérieur de bois* relégué au bout de la galerie. Nous voulons parler du très beau paysage de M. Gaspard Lacroix, qui, à peine à son second début, se rapproche beaucoup du premier rang. Ce paysage est surtout remarquable par la couleur, qui est riche, animée et vigoureuse. Les fonds sont lumineux et chauds ; l'air joue et circule bien partout. La composition est moins satisfaisante, et a un peu l'air de n'être qu'une petite étude agrandie. Les trois figures du premier plan sont spirituellement touchées et fraîchement peintes. Ce morceau nous promet un paysagiste de plus.

Quelques autres œuvres mériteraient mieux qu'une mention ; mais la masse des prétendants est si forte, qu'il faut nous réduire à citer des noms, et s'il fallait les placer dans l'ordre de mérite, comme dans une liste de présentation pour quelque candidature, nous nommerons successivement : MM. Huet (*Vue d'Avignon*), Hostein, Charles Leroux, Gresy, Thuillier, Héroult (très belles aquarelles), Jollivard, Achard, de Francesco (grand cadre d'études), Dagnan, Coignet, Carelli (débutant qui paraît confectionner de la peinture de paysage comme M. Larivière de la peinture historique), Postelle, Ricois et Giroux. En d'autres temps ce dernier aurait pu être placé différemment.

N'oublions pas cependant quelques *vues de villes*, et surtout celle du *Campo-Vaccino* à Rome, si magistralement peinte par M. Joyand ; morceau de marque dans son genre, e qui doit compter parmi les meilleurs de l'exposition ; la vue de *l'Arc-de-Triomphe de Djimilah*, de M. Dauzats, qui a su faire un agréable tableau avec cet unique fragment de ruine ; la petite vue de la *Piazetta de Venise*, de M. Wyld, qui, par la finesse du détail, la fraîcheur du ton et l'esprit de la touche, rappelle de très près Bonington, son modèle ; la même vue en grand, par M. Raifort ; l'*Intérieur d'une église de Bruges*, par M. Sebron, et le *Cimetière arabe* à Alexandrie, de M. Léon Vinit.

Quant aux *marines*, lorsqu'on aura dit que la *Vue du Port de Boulogne*, de M. Eugène Isabey, est le triomphe du lâché, de la pochade, un feu d'artifice de coloris, une palette ingénieusement chargée de couleurs ; qu'il y a de belles eaux dans le *Débarquement de Bonaparte* au retour d'Égypte, de M. Louis Meyer, et des détails très exacts du matériel naval dans le *Négrier*, de M. Morel-Fatio, on aura à peu près rendu justice à qui de droit. Ce n'est pas en politique seulement qu'on a pu dire que la force de la France est sur terre. Nos artistes n'aiment pas la mer : il y a à peine un *mariniste* sur cent paysagistes. Nous n'avons en ce

IV. TABLEAUX DE GENRE - PAYSAGES - PORTRAITS - GRAVURES

genre que deux réputations, l'une ancienne, Joseph Vernet, l'autre moderne, M. Gudin. *L'architecture*, cette année, se borne à des travaux d'archéologie ; nous n'en parlerons pas. La *gravure*, très pauvre comme de coutume, comme quantité, a cependant quelques morceaux importants, mais connus déjà du public depuis longtemps, tels que le *Portrait de Léon X*, d'après Raphaël, par M. Jesi ; le *Cromwell* de M. Delaroche, par M. A. Martinet, et la *Françoise de Rimini* de M. A. Scheffer, par M. Calamatta : trois belles estampes entre lesquelles il serait difficile de décider ; une gravure de paysage en taille-douce, chose extrêmement rare aujourd'hui, de M. Ransonnette ; les *eaux fortes* de M. Blezy. Le voisinage nous remet heureusement sous les yeux six petites compositions de M. Gérard-Seguin sur l'histoire de *la Passion* du Christ, dignes d'Overbeck dont elles procèdent, et qui mériteraient bien de devenir des tableaux.

Nous avons lu quelque part que la sculpture était en progrès, et on le prouvait par le salon. Nous soutiendrions volontiers la thèse contraire en vertu du même argument. Notre tour de galerie ne sera pas long. Commençons par le caveau. En y entrant, on rencontre d'abord une femme nue, par M. Pradier, à sa place ordinaire. Cette figure a souvent changé de nom. Elle s'est appelée, suivant les temps, Psyché, Vénus, bacchante, odalisque. Cette année, le livret assure qu'elle se nomme *Cassandre*. Soit. Nous ne reprochons qu'une chose à cette statue, c'est que M. Pradier n'y aborde pas franchement la question. Il se débat entre deux systèmes, accordant un peu à l'un, un peu à l'autre, et remplit son marbre de contresens et de disparates. A la tête, au cou, aux bras, il cherche la pureté de la ligne, la beauté de la forme ; arrivé au torse, aux flancs, il veut de la chair, de la vérité vraie, et cette vérité n'est pas toujours belle. Il s'adresse ainsi tantôt à l'art, tantôt à la nature, qu'il n'essaie même pas de fondre et de combiner, se contentant de les juxtaposer. Il résulte de cette double préoccupation que sa figure manque d'unité de style et de caractère. Comme talent d'exécution, on n'a plus rien à dire sur cet habile statuaire ; personne de notre temps ne manie le marbre avec plus de morbidesse et n'entend mieux le travail du ciseau. Mais avec ces qualités on peut faire une médiocre statue, de même qu'avec un bon sentiment de couleur et une touche facile on peut faire un médiocre tableau.

Avec moins de science, moins de métier, M. Simart a fait une figure qui nous semble mieux remplir les conditions de la statuaire et le but de cet art, qui est avant tout l'expression du beau de la ligne, de la forme. La statue de M. Simart représente la *Philosophie*. Comme aspect d'ensemble, elle a une grande et sévère tournure qu'on rencontre rarement ailleurs que dans les statues antiques. La tête est d'un type noble, énergique et élégant. Le bras qui retient la draperie est peut-être un peu plat et d'une musculature trop masculine. Parmi les autres statues, grandes et petites, on n'aurait guère à citer que le *Charles d'Anjou*, de M. Daumas, dont on avait vu déjà le plâtre ; la *Jeune fille à l'escargot*, de M. Desprez, d'une pose ingrate et d'une exécution extrêmement faible ; la *Baigneuse* ou *Galathée*, de M. Feuchères, bonne étude de la nature, vraie, mais sans style ; la *Sainte-Cécile*, de M. Foyatier, dont la draperie est particulièrement disgracieuse ; la statue du maréchal Brune, de M. Lanno, bien posée et d'un jet assez hardi, mais d'une exécution mécanique, et la petite *Psyché* de M. Gruyère sculpture d'un travail délicat et fin.

M. Molchneht a emprunté à Murillo le type d'une Vierge ; l'exécution en est très étudiée, trop étudiée, car elle va jusqu'à la recherche et à l'afféterie fine cependant dans les détails ; les mains sont délicatement belles. Dans l'ensemble peu de caractère.

Le Jeune berger piqué par un serpent, de M. Maindron, pèche aussi par excès ; le détail absorbe la ligne. Son groupe (si le serpent est une figure) est conçu au point de vue du pittoresque ; en général, on pourrait dire que la sculpture, comprise à la manière de M. Maindron, est de la sculpture de peintre.

La Charité, de M. Oudiné, n'a de suffisamment réussi que les figures d'enfants. La tête de la figure principale est insignifiante. C'est là un de ces ouvrages à l'égard desquels l'éloge et la critique seraient également déplacés.

Les bustes et portraits prédominent ici comme dans les salles de la peinture. Nous remarquerons, d'une manière générale, que les sculpteurs modernes ne savent véritablement pas ce que c'est qu'une tête humaine. Les anciens seuls l'ont su. Maintenant, nous sommes plus à l'aise pour recommander les bustes-portraits de M. Briand (Louis), d'un modelé fin et exact ; de M. Elschoët, quoiqu'il ait trouvé moyen de rendre petitement une tête dont le type était grand, celle de M. Jouffroy ; de M. Legebdre-Héral (*Portrait de M. Granet*). Il vaudrait mieux se taire sur le bas-relief en bronze de M. Lemaire (la *Distribution des croix d'honneur au camp de Boulogne*), création des plus malheureuses.

Les *Animaux* de M. Mène ne mériteraient peut-être pas d'être mentionnés, s'ils n'avaient le mérite de rappeler ceux de M. Barye, et de faire sentir la convenance d'un jugement qui exclut les uns et admet les autres.

Lorsqu'on a parcouru pas à pas cette immense collection des œuvres de l'art contemporain, et qu'on a fermé le livret à sa dernière page, on est tenté de poser des questions. Où va l'art ? Est-il en progrès où en décadence ? Peut-on, d'après ce qui se fait, prévoir ce qui se fera ? Mais on n'est guère tenté de chercher une réponse. L'œil le plus pénétrant ne saurait regarder bien loin dans la fortune future de l'art. Les révolutions du goût sont, comme celles de la société, toujours imprévues quant au temps, toujours différentes de ce qu'avait pu préjuger la raison qui construit l'avenir sur le modèle du passé. Qui aurait prévu qu'après Poussin viendraient Vanloo et Boucher, après ceux-ci, et presque sans transition, David, et après David, ce que nous voyons ? Et non-seulement la destinée, même prochaine, de l'art dépasse la portée de nos prévisions, mais son état présent nous échappe. Plongés au sein des choses, nous n'en voyons que les détails, les diversités ; nous en sommes trop près pour embrasser l'ensemble, qui ne peut être saisi que dans la perspective du temps. Il doit y avoir une unité, une physionomie générale dans les produits de l'art contemporain. Qui pourrait aujourd'hui reconnaître, nommer cette résultante ? Nous n'essaierons donc même pas d'agiter ces problèmes ; nous n'ajouterons pas à tant de décisions si sujettes à erreur sur le présent des hypothèses sur l'avenir, et nous terminerons ici nos observations sur le salon de 1843.

ISBN : 978-1984255945